Ich liebe Aussteiger aus der Reihe

I♥

Umschlag: Jutta Schneider
Titelbild: Josef Pretterer

Satz: Fotosatz Geiß, D-8039 Puchheim
Printed in Italy,

ISBN 3-8231-0713-5

Ich liebe Aussteiger

von Petra Burghardt

Illustriert

von Josef Pretterer

TOMUS VERLAG MÜNCHEN

Inhalt

MEINE DAMEN UND HERREN, LEIDER MUSS ICH IHNEN MITTEILEN, DASS SOEBEN UNSER PILOT AUSGE- STIEGEN IST!

1
Tausche Sonne gegen Sehnsucht

Ich steige aus, du steigst aus, er, sie, es steigt aus, wir steigen aus...

»Endstation! Alles aussteigen! Alles aus...«

Für Aussteiger fängt mit dem Aussteigen überhaupt alles erst an. Das wohlverzwängte Leben eines pünktlichen Steuerzahlers und morgendlichen Nichtzuspätkommers hat endlich ein Ende.

Endstation, Ihr Chefs, die Ihr den Kantinenzuschuß um 40 Pfennig kürzt, aber mit unserer Arbeit Gewinn in kalifornischen Grundstücken spekuliert; Ihr Betriebsprüfer, die Ihr das Arbeitszimmer nicht als abschreibungsfähig anerkennt, weil unter dem Schreibtisch zufällig ein Kinderschuh lag; Ihr Versicherungsgesellschaften, die Ihr nach acht Jahren schadenfreien Beitragzahlens nicht einmal für eine

An diesem Sonntag verzeichnete der Bahnhof Maising nur einen Aussteiger!

kaputte Fensterscheibe im Wert von 32,84 Mark aufkommen wollt; Ihr Krankenkassen, die Ihr jeden Monat Hunderte für alle Eventualitäten abbucht und im Ernstfall das Taxi zur Klinikambulanz nicht bezahlt; Ihr Klempner, die Ihr den ständig rauschenden Wasserkasten für 110,83 Mark repariert, und nach sechs Tagen rauscht er wie zuvor; Ihr Vermieter, die Ihr alle Jahre wieder versucht, die Miete zu erhöhen, und wer keinen guten Anwalt hat, muß zahlen.

Endstation, Ihr alle! Ich steige aus. Und besseres Wetter will ich auch.

Seien wir einmal ehrlich, alle miteinander. Wer wollte nicht schon einmal weg: Job hinwerfen, Wohnung aufgeben, Lebens- und Hausratsversicherung kündigen, Auto verkaufen, Bücher im Antiquariat verscherbeln, Bett und Couch auf Lager stellen. All den Sehnsüchten nach Freiheit, Ausschlafen, Nichtstun und ewiger Sonne nachgeben?

Ja, und dann?

AKTIE
VERT
AKTIE
VERTR
AKTIE

2
Am Anfang war das Faß

Früher war nicht nur das Wetter besser, früher war auch das Aussteigen leichter. Zum Beispiel so um 370 v. Chr. in Griechenland. Da gab es für einen Mann wie Diogenes nur drei Dinge zur Glückseligkeit: Naturverbundenheit, Kosmopolitismus und Bedürfnislosigkeit. Er fand sein Glück in einem Faß. Und kein Bauamt behelligte ihn mit einer Räumungsklage, obwohl er weder eine Baugenehmigung zum Aufstellen eines Fasses im sogenannten Außenbereich von Korinth beantragt noch sein zeitlich unbegrenztes Verbleiben unter Berücksichtigung der Landesverordnung über das Faßwesen rechtlich gesichert hatte.

Für eine so renommierte Soziologin wie die Winsener Professorin Dr. Heidelinde von Zeidtwitz ist

Diogenes der erste historisch verbürgte Aussteiger des Abendlandes. Mit morgenländischen Aussteigern hat sie sich aus naheliegendem Grund nie befaßt: Sie ist, wie sie selber sagt, »ein Abend- und kein Morgenmensch«.

Sozialwohnung im Faß

In dem von ihr herausgegebenen und redigierten Fachblatt »Der fröhliche Aussteiger« (Verbreitung: weltweit; Auflage: zur Zeit 67 Exemplare, es waren aber schon einmal 102!) begründet die Professorin ihren Diogenes so: »Am Anfang war das Faß. Das haben unsere jahrelangen historisch-soziografischen Untersuchungen zweifelsfrei bewiesen. Wie jeder Aussteiger von heute kehrte ein zivilisationsmüder, von Parteiengezänk, Sklavenausbeutung und Konsumterror angeekelter Diogenes der Gesellschaft seiner Zeit den enttäuschten Rücken. Sein Quartier, das Faß, allerdings macht ihn zum unerreichbaren Vorbild vergangener und künftiger Aussteiger-Generationen. Denn welch andere Behausung hätte seine Überzeugungen wohl sinnbildhafter, nein, greifbarer verkörpern können? Für die Naturverbundenheit steht das duftende Holz der schlanken Zypressen, aus denen die Bretter geschlagen wurden. Das sich wölbende Rund des Fasses symbolisiert den Kosmopolitismus — sind nicht auch unser Planet Erde und das All kugelig? Und erst die Bedürfnislosigkeit! Oder kennen Sie ein Faß mit Küche, Klo und Badezimmer?«

Bei aller Gewissenhaftigkeit ihrer Faß-Forschung hat Prof. von Zeidtwitz — sie leitet übrigens das Luhe-Institut of Advanced Studies — allerdings einen sehr wesentlichen Punkt unterschlagen, nämlich die vierte Tugend, die vierte Glückseligkeit des Diogenes: die Ehelosigkeit. Das mag mehrere Gründe haben. Zum einen ist die fröhliche Aussteiger-Wissenschaftlerin selber ungebunden und mit dem Problem der Ehelosigkeit dermaßen vertraut, daß ihr die Problematik dieses Problems für andere vollkommen entgeht. Zum anderen haben sowohl die Medizin-Historie als auch die Psychoanalyse bisher nichts zur Klärung der Frage beigetragen, ob Diogenes durch organische Mißbildung oder frühkindliche Traumata am Vollzug der Ehe gehindert war und dieses Manko nach Philosophenart zur Tugend sublimierte. Möglicherweise verbot aber auch nur der soziale Faßbau von vornherein jeden Gedanken an traute Zweisamkeit und das Eheglück am eigenen Herd.

Liebe Eltern! Der Blick von hier oben auf meinen neuen Arbeitsplatz ist irre! Solche Wolkenformationen sieht man selten!

3
Brief aus der Fremde

Nachfolgendes Briefdokument wurde uns von der Endunterzeichneten in der Hoffnung gegeben, auf die darin gestellte Frage existentieller Natur Antwort aus dem Leserkreis zu erhalten.

Mr.
Fritz J. Ruddutzki
1950 Lincoln Ave.

Northbrook, Illinois 60062

Playa des Ingles, 2. Dezember

Lieber Fritz,

Du wirst Dich sicher wundern, nach so langer Zeit von uns zu hören. Aber wer sonst als Verwandte halten heute noch zusammen, und Du bist schließlich der Neffe meiner Cousine dritten Grades väterlicherseits.

Helmut dankt Dir noch sehr für das Konfirmationsgeschenk. Er ist jetzt auch schon 25 und verlobt und hat eine Werkstatt mit sieben Angestellten. Aber vielleicht fang' ich besser vorne an.

Wie Du weißt, litt unser Pappa seit Jahren an einer Mehlallergie, und dann machte ihm auch noch das Herz zu schaffen. Pappa war viel in der Innung tätig, und unser Geselle Franz bewirtschaftete die Backstube. Unser Hausarzt hat immer gesagt: »Herr Grönemeyer, Sie müssen kürzer treten. Am besten Beruf aufgeben.« Aber wie soll einer das als Bäckermeister, wo noch nicht genug geklebt ist, und überhaupt denken Ärzte ja manchmal sehr weltfremd. Trotzdem wurde es mit Pappa immer schlimmer. Und dann warf ihn ein Herzinfarkt aus dem vollen Arbeitsleben, und wir haben uns gefragt, wie soll das nur weitergehen, weil der Mensch an sich doch nicht unsterblich ist und noch etwas haben will von seinem Leben.

Als Onkel Willy vor fünf Jahren starb, traten wir sein Erbe an, das machte nach Abzug der Erbschaftssteuer 37.895,233 DM. Da kam uns zum erstenmal der Gedanke an Urlaub. Wir fuhren mit Neckermann nach Gran Canaria. Im Dezember, wo hier alle Weihnachten im Schnee feiern, und wir lagen in der Sonne und badeten im Meer. Außerdem gibt es hier eine Wanderdüne aus der Sahara — also, wie die so trocken durch das Mittelmeer gekommen ist, kann mir bis heute keiner erklären. Pappa hatte auch keine Herzschmerzen mehr.

Als wir zurückkamen, war gerade das Aussteigen in Mode gekommen. Aber nur junge Leute. Und da haben wir uns gefragt, warum eine so fortschrittliche Sache nicht auch für uns? Guck mal, Du verkaufst oder verpachtest Dein Geschäft und lebst von Deinem Geld, wo es billig ist und Du keine teure Wintergarderobe brauchst. T-Shirt und Shorts genügen. Und Du hast immer Urlaub, bis an Dein Lebensende, und brauchst nicht mehr mit dem Mehl und der Allergie und dem Herz und dem Hausarzt, und alles wird gut.

Wir haben unseren Plan sehr ausführlich mit der ganzen Familie besprochen. Franz war einverstanden, uns die Pacht monatlich nach Gran Canaria zu überweisen. Dafür wollte er bei uns kostenlos Ferien machen. Hat er auch. Allerdings nur einmal. Helmut und Karin waren sehr stolz auf ihre Aussteiger-Eltern und wollten nachkommen, wenn sie mit ihrer Ausbildung fertig sind. Karin lernte damals auf Friseuse. In der übrigen Verwandtschaft gab es großes Geschrei und Ablehnung. Aber Pappa und ich haben uns durchgesetzt. Das einzige Problem war Oma mit ihren vier Kühen. Man weiß ja nicht, wie lange ein Mensch von 72 noch lebt. Aber wir haben ihr versprochen, jeden Sommer — wenn hier Winter ist — bei ihr Urlaub zu machen. Haben wir auch. Allerdings nur einmal.

Am 3. Mai fuhren wir los. Wo zu Hause Sommer ist und hier Winter. Natürlich kein richtiger Winter, nur Regen. Wir haben auch ein Haus gefunden mit drei Badezimmern und vier Schlafzimmern. Der Spanier legt viel Wert auf so was, dafür hat er dann keine Speisekammer und keinen Abstellraum. Aber man kann sich schon einrichten. Der Wille zur Anpassung an fremde Sitten und Gebräuche erleichtert viel im Leben, und jetzt steht mein Bügelbrett im dritten Schlafzimmer.

Die erste Zeit war wunderschön. Pappa blühte richtig wieder auf. Hatte sogar ein Techtelmechtel mit einer Spanierin marokkanischer Abstammung. Aber da bin ich schnell dazwischen, Du kennst mich ja.

Wir kriegen hier sogar die BILD-Zeitung und immer am selben Tag. Das einzige, was Pappa nicht gefiel, waren die Frühstücksbrötchen. So ein pappiges Zeug, ohne Biß. Er ist die ganze Insel abgefahren — wir hatten uns einen kleinen Seat gekauft —, überall dieselbe Pappe, und auch die deutschen Touristen haben sich mächtig beschwert. Da hat Pappa dann gemeint, wenn ein Mensch schon aussteigt und

immer Urlaub macht, dann aber nicht ohne deutsche Brötchen. Und ganz schnell hat er eine Bäckerei aufgemacht, und weil die Mehlallergie zurückkam, hat er Franz hergeholt. Unsere Bäckerei in Deutschland hat Franz ganz gut verpachten können.

Und dann dieses ewige spanische Essen. Nie mal Sauerbraten oder Grünkohl mit Pinkel oder Schwarzsauer. Gibt es hier einfach nicht. Die spanische Rasse ernährt sich ziemlich einseitig. Pappa hat gemeint, das könne er bis an seinen Lebensabend nicht ertragen, und so haben wir ein deutsches Restaurant aufgemacht. Weil das allein nicht zu schaffen war, haben wir Onkel Otto für die Küche rübergeholt — wie Du weißt, war er im Krieg Koch auf einem japanischen U-Boot — und Tante Martha für den Abwasch. Die Bedienung teilen sich Ottos Sohn und seine junge Frau und Olga, die unverheiratete jüngere Schwester von Martha. Spanisches Personal ist so unzuverlässig.

Und überhaupt, da hat der Spanier so viel Sonne und macht nichts aus seinem Land. Immer nur

Siesta und Mañana, wie das hier heißt, und sowenig wie möglich arbeiten. An sich ist der Spanier wohl liebenswert und wir haben auch einige Freunde unter denselben gefunden, die ordentlich und tüchtig sind. Aber meistens halten sie sich die Arbeit ganz schön vom Leibe, was mit unserer deutschen Auffassung nicht zu vereinbaren ist, auch wenn man ausgestiegen ist wie wir.

Wenn ich scharf zurückblicke, fingen die Probleme mit dem Restaurant an. Ich weiß ja nicht, wie das bei Euch in Amerika ist. Aber hier kriegst Du keinen frischen Schnittlauch, keinen Majoran, keine Petersilie, erst recht kein Bohnenkraut. Nur immer Basilikum und Salbei. Und was man sonst noch so zu einem guten Essen braucht, von Maggi bis zu Zuckercouleur — nichts. Und die deutschen Touristen, die hier selber kochen, haben sich auch immer beschwert. Pappa meinte, das könne der gute deutsche Ruf nicht auf sich sitzen lassen, und deshalb haben wir hier zwei SB-Läden aufgemacht. Wir beziehen direkt aus der Bundesrepublik, Holland, Dänemark und Polen. Das war mit unseren schwachen Kräften nicht zu schaffen. Deshalb haben wir meinen Bruder Gottfried und seine Familie hergeholt. Gottfried leitet die beiden Läden, seine Frau und die fünf Töchter verkaufen, sein Neffe Jonathan und dessen Verlobte machen den Einkauf, und als Aushilfe haben wir Pappas Schwester Karla und ihre zwei Söhne. Trotzdem müssen Pappa und ich immer wieder einspringen, wenn es Probleme gibt. Deshalb hat auch Karin ihre Lehre als Friseuse abgebrochen, um uns zu helfen. Nebenbei und um nicht aus der Übung zu kommen, frisiert sie jeden Freitag und Sonnabend deutsche Touristinnen. Die sind sehr froh, weil eine spanische Dauer- oder Wasserwelle gar nicht mit einer deutschen zu vergleichen ist.

Und dann ging Pappas Seat kaputt. Ist das bei Euch in Amerika auch so? Fünf Werkstätten machen für viel Geld an dem Auto rum, und dann war es nur der Benzinschlauch. Pappa hat sich so geärgert, daß er Helmut rüberholte. Hier braucht man keinen Meisterbrief, und Helmut konnte mit seiner Gesellenprüfung sofort eine Werkstatt aufmachen. Die deutschen Touristen sind auch ganz glücklich, wenn sie mal eine Panne haben und von uns bedient werden. Helmuts sieben Angestellte sind sein Freund Udo, dessen Bruder Ulf, Pappas Neffe Wolfgang und dessen Cousin Gerd sowie die drei Söhne meiner verstorbenen Schwester Lilly. Ich weiß nicht, ob Du Dich noch an sie erinnerst. Sie lispelte und zog immer ein Bein nach.

Ja, und schließlich war nur noch Oma mit ihren vier Kühen in Deutschland. Und es wurde ihr sehr einsam. Aber von ihren Kühen wollte sie sich nicht trennen. Sie sagte immer: »Daß ich im letzten Krieg nicht hungern mußte, verdanke ich nur den Kühen. Im nächsten Krieg will ich auch nicht hungern.« Wir wollten die Kühe auch herschaffen. Aber die

Lufthansa wollte Oma nicht im Frachtraum mitfliegen lassen, und Oma mochte die Kühe nicht allein lassen. So mußte sie denn mit einem Frachter kommen, wo sie ihre Kühe zweimal am Tag melken konnte.

Die Besatzung wollte Oma gar nicht von Bord lassen. Du kennst sie ja. Sie muß sich immer nützlich machen. Nach dem Melken hat sie frische Brötchen an Bord gebacken — auf den neuen Frachtern haben sie sogar eine Backstube, viel kleiner natürlich als Pappa seine, aber es reicht doch. Und dann hat Oma Socken gestopft und Knöpfe angenäht, das kannten die gar nicht mehr, daß sich eine Frau so kümmert, und fast hat es Zank gegeben. Die Milch von ihren Kühen hat Oma an die Besatzung verkauft und kam hier zusätzlich mit einem ausgestopften Alligator, zwei Papageien und einem Schrumpfkopf an. Seeleute sind ja oft knapp bei Kasse.

Omas Kühe sind die Sensation der Insel. Weil, hier sind viele Marokkaner, und die haben ja nur magere Ziegenmilch. Die Nordafrikaner sind ganz wild auf die Milch von Omas Schwarzbunten, und jetzt hat sie sich noch zwölf nachschicken lassen. Beim nächsten Krieg will Oma auch ein paar Marokkaner retten, weil sie doch so nett sind und so arm.

Lieber Fritz, wie Du aus meinen Ausführungen ersiehst, sind wir zwar alle wieder vereint, aber mit dem Aussteigen und dem Urlaub bis ans Lebensende hat es irgendwie nicht geklappt. Wir wissen auch nicht warum. Pappa hat wieder seine Herzattacken, und unser Hausarzt — er ist ein ausgewanderter Deutscher — sagt ihm immer wieder: »Herr Grönemeyer, Sie müssen kürzer treten, Beruf aufgeben, wenn Sie noch das Rentenalter erleben wollen.« Pappa ist jetzt 57. Nach Deutschland, darüber sind wir uns einig, wollen wir nicht mehr zurück. Schon wegen dem Wetter. Und die politische Lage ist ja auch nicht so. Da haben wir uns daran erinnert, daß Du mal mit dem Konsul von Neuguinea-Papua befreundet warst. Kennst Du den Herrn noch? Hier haben sie uns gesagt, was wir suchen, ist nur fernab zu finden. Und wir wollen alles tun, damit Pappa einen gesunden und erfüllten Lebensabend hat. Könntest Du freundlicherweise mit dem Herrn aus Neuguinea-Papua in Verbindung treten? Wir suchen nichts weiter als ein stilles Plätzchen, wo Pappa in Ruhe und Beschaulichkeit alt werden kann, fernab allen Trubels und aller Hektik. Allerdings sollte es in der Nähe schon frische deutsche Brötchen geben, Du kennst ja Pappas Empfindlichkeiten.

Deiner geschätzten Antwort entgegensehend
bin ich Deine Cousine
Irmgard

AUSSTEIGER L. KUNZ BEI DER ANKUNFT!
7 JAHRE SPÄTER....
HOTEL
KUNZ
KUNZ

4
Wie reist ein Mensch ins Ungewisse?

Kein Aussteiger wird eine Flugreise ausschlagen, solange jemand anders sie bezahlt. Er wird bei einer Atlantiküberquerung im Jumbo den sechsstündigen Sonnenuntergang von Ost nach West ebenso genießen wie die kostenlosen Drinks und den neuesten James Bond auf der schmalen Bord-Breitwand. Vor Labrador werden ihn die Eisberge begeistern, die wie Grießklößchen in einer Fliederbeersuppe schwimmen, und er wird sich sagen: »Die muß ich mir näher ansehen.«

Kann er nicht. No exit.

Flugzeuge sind kein Gefährt für Aussteiger. Das neue Leben soll ohne Hast und Hektik beginnen, ohne Tempo und Termindruck. Hat einer zehn Jahre lang gespart und gedarbt, um seine Abkehr von der Mach-Zwei-Gesellschaft auf Düsentriebwerken zu vollziehen?

Natürlich jettet immer mal wieder einer eilig außer Landes. Aber dann hat er meist vorher ein paar Millionen haarscharf am Finanzamt vorbeitransferiert und sehnt sich nun nach der Nähe seines Geldes. Auch Dagobert Duck ging das so.

Ein richtiger Aussteiger reist beschaulich. Er will endlich bummeln können, verweilen dürfen, nicht ankommen müssen. Das verlangt einige kostspielige Vorbereitungen in Hinblick auf die Unterkunft. Am besten führt ein Aussteiger sie ständig mit sich, in Gestalt eines Bootes oder eines Wohnmobils. Segler und Van-Fahrer machen dann auch das Gros der bundesdeutschen Aussteiger aus.

Fußgänger und Radler wären eigentlich unter dem Gesichtspunkt der Beschaulichkeit die idealen Aussteiger, sofern sie nur wasserfest und mit einem Alu-Schlafsack ausgerüstet sind. Dennoch bilden sie eine verschwindende Minderheit. Für das vergangene Jahr hat der Wiesbadener Bundesstatistiker Friedhelm Y. folgende Aussteiger-Rechnung nach Fortbewegungsmitteln aufgestellt:

WAS UNSERE NACHBARN DA WOHL WIEDER VORHABEN?
BETRETEN VERBOTEN

Aussteiger gesamt	*Pedes*	*Rad*	*Boot*	*Wohnmobil*
8.358	9	7	4.297	4.045

Die Dunkelziffer aller Aussteiger des Vorjahres gibt er mit 9.105 an.

Erstaunlicherweise entspricht die mangelnde Präsenz der Fußgänger und Radler in der Bundesstatistik ihrem geringen Ansehen bei den Yacht- und Van-Aussteigern. Gänzlich unsolidarisch werden sie als »Quadratlatscher« und »Pedaltreter« bezeichnet, als Langzeiturlauber oder Pfingstaussteiger.

Eine mögliche Erklärung für diese Diskriminierung hat Friedhelm Y. in einer weiteren Statistik geliefert. Danach sind 78 Prozent der Pedes- und Pedal-Aussteiger ehemalige Hochleistungssportler (2,8 Prozent sogar Teilnehmer an der Tour de France oder am Giro d'Italia), bei den übrigen Aussteigern haben lediglich 14 Prozent jemals Sport getrieben, und 93 Prozent leiden unter Senk-, Spreiz-, Knick- oder Plattfuß. Vermutlich spielt hier das unbewußte Neid-Syndrom der Fußkranken gegenüber den »In-einem-gesunden-Körper-steckt-ein-gesunder-Geist«-Apologeten eine Rolle.

Wie hoch ist die Dunkelziffer?

Für weitere Auskünfte steht der Wiesbadener Statistiker vorläufig nicht zur Verfügung. Friedhelm Y. untersucht auf einer mehrmonatigen Dienstreise zwischen Benidorm und den Bahamas, ob er die

Aussteiger-Dunkelziffer für das Vorjahr mit 9.105 nicht um 3 zu hoch angesetzt hat. Sein nomineller Vertreter ist in die Materie noch nicht eingearbeitet.

Aussteiger zu Fuß oder per Fahrrad können in einer Gesamtbetrachtung als Einzelschicksale weitgehend vernachlässigt werden. Außerdem läßt sich die Beschaulichkeit ihrer Fortbewegung mit ein bißchen Phantasie leicht nachempfinden. Jeder Sonntagsspaziergänger oder -radler braucht sich nur vorzustellen, sein gemütliches Stündchen in der frischen Luft dauere Stunden und Stunden, Tage und Tage, Wochen und Wochen, Monate und Monate, Jahre und Jahre. Schwieriger wird es, das mußevolle Aussteigen per Schiff oder Wohnmobil nachzuvollziehen. Nur lediglich 19 Prozent aller Bundesbürger besitzen eines dieser Fahrzeuge oder beide und verfügen wenigstens ansatzweise über entsprechende Erfahrungen.

ALS EHEMALIGER POLITIKER BESTEHE ICH DARAUF, DASS DER LEITHAMMEL IN FREIER UND GEHEIMER WAHL BE- STIMMT WIRD!

5
Der Aussteiger und die Politik

Wenn ein Bundesbürger sich in seinem Staatswesen geborgen und wohlversorgt, von seinen Bonner Vertretern respektiert und verstanden fühlt, verkümmern erfahrungsgemäß seine Aussteiger-Ambitionen. Aber wem geht es schon so?

Wer aussteigt, fühlt sich meist in irgendeiner Weise mißbraucht, als Wahlvieh zum Beispiel. Oder er will die neue Autobahn nicht, die quer durch seinen Schrebergarten führt; oder er opponiert gegen das Hochhaus, das auf der Spielwiese seiner Kinder gebaut werden soll; oder er möchte seine Steuern nicht zur Stationierung von Pershings und Cruise Missiles verwendet wissen.

Folglich sind die meisten Aussteiger auf Politiker nicht gut zu sprechen. Wer sich eingehend informieren möchte, sei auf die jüngste Ausgabe des Buches »Umfassendes Kompendium der neudeutschen Vulgärsprache unter Berücksichtigung regionaler Besonderheiten inklusive des Sächsischen« hingewiesen. Die ersten Synonyme für Politiker finden sich bereits auf Seite 4 unter A wie Astloch.

Die weitverbreitete Antipathie der Aussteiger den Politikern gegenüber beruht auf Gegenseitigkeit. Im Gegensatz zu dem frei parlierenden Aussteiger wird jedoch kaum ein Volksvertreter seine Ansicht derart offen kundtun. Wahltaktische Erwägungen verbieten es ihm. Ein Politiker ringt um jede Stimme — auch wenn sie außer Landes gegen ihn wettert. Aber so unlogisch sind Politiker oft.

Der Ernst der Lage zwischen Aussteigern und Politikern zwingt dazu, an dieser Stelle ein bisher unter Verschluß gehaltenes Tonbandprotokoll zu veröffentlichen, in dem die ungeschminkte Meinung eines bundesdeutschen Parlamentariers zum Thema Aussteiger zutage tritt. Die Intimität des Bekennerortes, nämlich das häusliche Ehebett in einem Vorort von Detmold-Lippe, hat einige Tonstörungen zur Foge, die aber für den logischen Gesamtzusammenhang unwesentlich sind.

Telse K. (die Ehefrau des Bundespolitikers): »Frieder!«
Frieder K.: »Hm?«
Telse K.: »Frieder, ich muß etwas mit Dir bereden.«
Frieder K.: »Jetzt?«
Telse K.: »Ja, jetzt!«
Bettfedern knarren, einige Worte nicht zu verstehen.
Telse K.: »...gemeinsame Nichte.«
Frieder K.: »Ich kenne keine Nichte. Meine Brüder haben, wie es sich in unserer Familie gehört, nur Söhne gezeugt.«
Telse K:« »Unsere gemeinsame. Die Tochter von meinem Bruder, falls du dich erinnerst.«
Frieder K.: »Hm?«
Telse K.: »Sie steigt aus!«
Frieder K.: »Dann laß sie doch.«
Telse K.: »Nein, richtig.«
Frieder K.: »Was heißt richtig? Daß du dich auch nie klar ausdrücken kannst.«
Telse K.: »Kann ich doch! Also, unsere gemeinsame Nichte hat sich an ihrem 18. Geburtstag eigenhändig vom Gymnasium abgemeldet, ist bei meinem Bruder ausgezogen und fährt jetzt mit drei Freunden in einem Wohnmobil in Richtung Spanien.«
Frieder K.: »Warum drei? Genügt einer nicht?«
Telse K.: »Das ist nicht das Problem, Frieder.«
Frieder K.: »Sondern?«
Telse K.: »Das Mädchen will sich nicht in unsere Gesellschaftsordnung einfügen.«

Frieder K.: »Waaaas? Sie wählt mich nicht? Habe ich...«
Bettfedern knarren energisch.
»... in den Altenheimen allein nichts bringt! Du mußt vor allem die Jugend ansprechen.«
Telse K. (sichtlich gekränkt): »Bei der Altenbetreuung zur letzten Wahl habe ich immerhin 83 Kreuze für dich machen können! Und alles eingeschworene CDU-Wähler. Vor allem die im Blindenheim.«
Frieder K.: »Wie du siehst, reicht das nicht. Gib mir mal einen Schluck Wasser.«
Schlürf, Schluck, Schmatz.
»... heißt das eigentlich, aussteigen?«
Telse K.: »Zum Beispiel, keine Steuern zahlen.«
Frieder K.: »Was? Das Mädchen zahlt keine Steuern? Und womit sollten wir dann regieren? Telse, wo ist das Gör? Ich will es Mores lehren.«

Gefängnis für Aussteiger!

Telse K.: »Das Gör ist irgendwo unterwegs nach Spanien. Außerdem wurde die Prügelstrafe inzwischen abgeschafft.«
Frieder K.: »Auch bei so hartnäckigen Fällen?«
Telse K.: »Ja.«
Frieder K.: »Telse, ich werde morgen einen Antrag im Bundestag einbringen, der das Aussteigen mit Gefängnis nicht unter fünf Jahren belegt.«
Telse K.: »Morgen ist Sonntag.«

Frieder K.: »Dann eben übermorgen. Aber da muß politischer Selbstbehauptungswille doch eingreifen!«
Telse K.: »Ich wußte, daß du eine Lösung findest, Frieder. Laß uns schlafen.«
Frieder K.: »Amen.«
Telse K.: »Nicht beten, schlafen!«
Frieder K.: »Was, jetzt? Muß das sein?«
Telse K.: »Ja!«
Frieder K.: »Aber nur, wenn du mir die Wählerstimme deiner Nichte ...«
Telse K.: »... unserer...«
Frieder K.: »Ich denke, wir haben Gütertrennung?«
Telse K.: »Nein, Frieder. Wir haben alles gemeinsam. Komm jetzt!«

Dieses Gespräch fand am 25. August statt.

Seitdem hat der Politiker K. seine Ansichten über Aussteiger nicht geändert, nur über Ehefrauen.

Am 3. September traf bei Frieder K. ein Telegramm folgenden Inhalts ein: *nichte gefunden — stop — will nicht zurück — stop — telse*

Am 17. September folgte ein weiteres Telegramm: *nichte wählt dich nicht mehr — stop — ich auch nicht — stop — telse*

Das dritte und letzte Telegramm war vom 28. September datiert und lautete: *setzen morgen früh von marseille nach marocco über — stop — stell waschmaschine aus — stop — aermelbuegelbrett hinter kleiderschrank — stop — adieu telse*

Voller Entsetzen schrie Frau Marses bei dem Gedanken auf, daß sie vergessen hatte, die Milch abzubestellen.

6
Die lange Reise zum Mauna Loa

Als Karl de Belleville in die Bundesrepublik kam, war er 47 und hatte 2.400 Schweizer Franken bei sich. Zurück ließ er eine Ehefrau, vier fast erwachsene Töchter und zu deren Versorgung eine gutgehende Waschsalon-Kette in Bern sowie sein Bankkonto mit 190.000 Schweizer Franken.

Karl war in den Bergen nahe Bern aufgewachsen, und schon als kleiner Junge träumte er davon, eines Tages mit einem Schiff über die Meere zu fahren, wo der Blick weit und der Horizont fern ist. Er hatte Schiffszimmermann in Genf gelernt, sich verliebt, geheiratet und nach der Geburt der zweiten Tochter seinen ersten Waschautomaten-Laden eröffnet. Einmal, während eines Urlaubs an der jugoslawischen Küste, hatte ihn ein Kieler Sprottenfabrikant auf seine Yacht eingeladen und ihm ein paar Grundbegriffe des Segelns erklärt. Da war Karls alter Traum wieder quälend lebendig geworden. Seine Frau wollte um nichts in der Welt die prachtvolle Villa in Bern verlassen, seine Töchter lachten ihn aus, und als sich Totenstille zwischen ihm und den fünf Frauen ausgebreitet hatte, ging er.

Arbeiten und Sparen

Belleville verdingte sich auf einer kleinen Privatwerft an der Elbe. Nach drei Jahren und fünf Monaten konnte er sich einen elf Meter langen Schiffsrumpf aus Stahl kaufen und hatte sogar noch 9.500 Mark für das Holz zum dringend notwendigen Innenausbau übrig.

Sechs Jahre und zwei Monate nach seiner Ankunft in der Bundesrepublik feierte Karl de Belleville die Taufe seines Schiffs. Er nannte es nach dem höchsten tätigen Vulkan der Erde, dem Mauna Loa auf Hawaii. Dort wollte er hin.

In den folgenden zwei Jahren war Karl jedes Wochenende mit seinem Schiff unterwegs, von März bis Anfang November. Dann kannte er sein Schiff gut genug für die große Reise über die Meere, wo der Blick weit und der Horizont fern ist.

An seinem 55. Geburtstag geriet Karl auf der Werft mit der Hand in die Kreissäge. Im Unfallkrankenhaus amputierten ihm die Chirurgen den rechten kleinen Finger und nähten ihm das erste Glied des rechten Ringfingers sowie die Kuppe des Mittelfingers wieder an. Die blonde Krankenschwester, die ihn betreute, hieß Edda. Sie war geschieden und hatte einen Sohn in Australien. Sie strahlte jene natürliche Weiblichkeit mit diesem Hauch von urmütterlichem Verständnis aus, die viele männliche Patienten dazu bringt, ihre Gockelhaftigkeit zu vergessen und sich wie ein Kind gehenzulassen. Auf Karl wirkte sie eher zerbrechlich und schutzbedürftig, und er bemühte sich, ihr wenig Arbeit zu machen. Bei seiner Entlassung bat er sie um ein Wiedersehen. Edda sagte ja.

Sie besuchte ihn zwei Wochen später auf seinem Schiff. Sie hatte noch nie eine Yacht von innen gesehen. Sie bewunderte den selbstgezimmerten Tisch mit der Intarsienarbeit, das kleine, elegante Holzbord für die Gewürzdöschen, die sauber verlegte, dunkelgrüne Auslegeware auf dem Boden und die kleinen, roten, selbstgenähten Gardinen vor den schmalen Fenstern. Karl hatte Butterkuchen gebacken und starken schwarzen Kaffee gekocht. Edda mochte beides. Und man hatte natürlich allen Grund zum Feiern.

Bei ihrem dritten Besuch an Bord saßen sie noch lange nach Mitternacht draußen in der Plicht, tranken Rotwein, hörten auf das leise Schlagen der Wellen gegen den Schiffsrumpf und sahen in das weiche Licht der Schiffslaterne. Karl legte seinen Arm um Edda, sie zuckte zusammen. Als er zärtlich seine Nase an ihrer Wange rieb, begann sie zu schluchzen. Gegen Morgen — er hatte sie inzwischen in zwei Wolldecken gehüllte — redete sie. Sie erzählte von ihrem Verlobten, diesem fröhlichen, unbeschwerten, liebenswerten Kindskopf, der acht Jahre jünger war als sie und leidenschaftlich gern Motorrad fuhr. Eine Suzuki 1100, 220 Stundenkilometer schnell.

Eine traurige Geschichte

Als er das Aufgebot bestellte, machte sie Urlaubsvertretung in der Unfallaufnahme. Sie brachten ihn kurze Zeit später. Zeugen hatten den Sanitätern erklärt, er sei geradezu närrisch hüpfend aus dem Standesamt gekommen, habe auf seinem Motorrad einige dröhnende Ehrenrunden vor dem Gebäude gezogen und dann kräftig Gas gegeben. Und da sei der BMW ausgeschert. Ganz unvorhersehbar. Er habe keine Chance gehabt.

Edda hatte ihm vorsichtig den Helm von seinem zerstörten Kopf gezogen und die Lederkluft von seinem zerschundenen Leib gestreift. In seinen Fingern hielt er die Bescheinigung vom Standesamt.

Karl de Belleville sagte nichts. Eine feuerrote Gutwettersonne schob sich langsam aus dem Elbwasser zwischen die Streben der Eisenbahnbrücke.

Edda legte drei Finger auf seinen Handrücken. »Ich weiß, ich muß drüber weg«, sagte sie. »Ich bin zu jung, um allein zu leben mit 47. Und ich mag Dich. Aber es braucht Zeit.«

»Wie lange?«

»Ein Jahr, vielleicht. Vielleicht auch weniger.«

Karl nickte. Er hatte seit acht Jahren keine Frau mehr angerührt. Was war da ein Jahr mehr oder weniger? Es brauchte fast elf Monate.

Edda kam jetzt, wenn sie keinen Dienst im Krankenhaus hatte, an den Wochenenden mit zum Segeln. Sie hatte Spaß dran. Nach dem zweiten gemeinsamen Segelurlaub in den schwedischen Schären sprach Karl davon, sie mitzunehmen; dorthin, wo der Blick weit und der Horizont fern ist.

»Alles aufgeben hier?« fragte Edda. »Für immer?«

Karl nickte.

»Das geht nicht.«

Aber zu seinem nächsten Geburtstag schenkte sie ihm den Verkaufsvertrag für ihre Eigentumswohnung — unterschrieben.

Karl war 59, als er mit Edda und seinem Schiff die Bundesrepublik verließ.

Sie nahmen den üblichen Kurs durch den Kanal und die Biscaya nach Vigo, bummelten die Küste südwärts bis zum Kap San Vicente und hielten dann auf die Kanarischen Inseln zu. Hier kauften sie frisches Obst, Gemüse und Kräuter für die Atlantiküberquerung. Edda schiente einem Yachttramper den gebrochenen Daumen, entfernte einem arabischen Mädchen einen Holzsplitter aus dem Augapfel und brachte drei von Hunden halb zerfetzte und winzelnde Katzen mit an Bord, um die sie sich mit rührender Geduld kümmerte.

Karl genoß den großen, weiten Atlantik. Einmal waren sie sieben Tage hintereinander allein, begegneten keinem Frachter, Container- oder Passagierdampfer. Karl fühlte sich frei mit dem weiten Blick und dem fernen Horizont. Nach 31 Tagen Atlantik erreichten sie Barbados und gingen von dort aus auf Kurs Nord-Nord-West.

Edda war selig. Sie schickte ihren früheren Freundinnen und Nachbarn Ansichtskarten der Ils de Saints vor Guadeloupe, kletterte auf den alten Fortmauern in San Juan auf Puerto Rico herum, kaufte für ihren Sohn in Australien auf dem Crafts-Market in Kingston ein Schachspiel aus Leder und Blechfiguren und rätselte in Port-au-Prince auf Haiti kopfschüttelnd an den Standardtexten auf den Plakaten, die einen fetten, jungen Farbigen in weißer Operettenuniform zeigten: »Baby Doc — l'idol du peuple de Haitien«.

Anker werfen in Porto Limon

Karl wollte durch den Panama-Kanal in den Pazifik, Richtung Hawaii. Sie segelten die mittelamerikanische Küste hinunter. In Porto Limon, dem Bananenhafen von Costa Rica, mußten sie wegen der hohen Dünung draußen vor Anker gehen und mit dem Dingi an Land rudern.

Im Terrassencafe »Caribe« prügelten sich gerade zwei blonde Offiziere eines deutschen Bananendampfers um die Vaterschaft eines Jungen, den die kaffeebraune Prostituierte Susanna vor 15 Tagen zur Welt gebracht hatte. Der Bootsmann, ein verschrumpelter 60jähriger, verhandelte mit zwei etwa zwölfjährigen Mädchen um den Stundenpreis, der Koch ohrfeigte eine Bettlerin mit weißen Haaren, die ihre offenen Beine vorgezeigt hatte, und im Park vor dem Cafe fesselte der zweite Ingenieur des Bananendampfers im Vollrausch einen kreischenden Negerjungen mit Lassaband an eine Palme

»Das ist ja schrecklich«, sagte Edda, und Karl ging, den Jungen vom Palmenstamm loszuschneiden. Edda kümmerte sich um die offenen Beine der Bettlerin und um Susannas Baby. In den folgenden Tagen stellte sie fest, daß der Negerjunge Tbc hatte, der »Caribe«-Besitzer Ruhr und fast alle Mädchen einen Tripper.

»Karl«, sagte sie eines Abends, als sie mit ihrer improvisierten Doktortasche von einem Stadtrundgang zurückkam, »Karl, so geht das nicht. Hier gibt

es keinen Arzt, die Mädchen wissen kaum, was Verhütung ist, die Säuglinge sterben wie die Fliegen. Wir können doch nicht einfach weitersegeln!«

»Wir sind frei und haben Zeit, Liebes«, sagte Karl.

Edda mietete ein Hinterzimmer im »Caribe«, kaufte Medikamente in San Jose, der Verwaltungshauptstadt von Costa Rica, und hielt regelmäßig Sprechstunden ab. Anfangs lehnte sie strikt jede Vergütung ab, dann ließ sie sich von ihren dankbaren Patienten Papayas, Bananen und magere Hühner aufdrängen. Schließlich konnte sie nicht einmal verhindern, daß sich die bunten Colonnes, diese Mickey-Maus-Dollars-Landeswährung, in einer Blumenvase neben ihrem Tisch häuften. Señora Carlos, wie die Einheimischen sie nannten, weil niemand den Namen Edda aussprechen konnte, geriet zu einer medizinischen Kapazität in Limon.

Señor Carlos kümmerte sich inzwischen um die sanitären Verbesserungen des Ortes. Er reparierte die Kanalisation via Rinnstein, baute eine Kläranlage, installierte Wasserhähne und Abflußrohre. Dabei dachte er immer wieder an den Mauna Loa auf Hawaii, an dessen Fuß er einmal stehen wollte.

Edda kannte jetzt alle Mädchen aus Limon und die meisten ihrer Freier von den Bananendampfern. Sie sprach mit den Kapitänen, vergeblich natürlich, und beriet die Mädchen. Mit unverhofftem Erfolg.

Eines Tages erschien bei Señora Carlos eine würdevolle Delegation der Limoner Prostituierten und bat sie, künftig die Vermittlung der Freier zu übernehmen — gegen Entgelt selbstverständlich. Edda war empört. Aber die Mädchen von Limon ließen nicht locker. Wer, außer der Señora, argumentierten sie, könne verhindern, daß auch künftig Zehnjährige Sex gegen Geld machten; wer, außer der Señora, kenne die Besatzungen der Bananendampfer so gut, daß er wisse, wer ehrlich und sauber sei; wer, außer der Señora...

Der gute Engel von Limon

»Karl«, sagte Edda eines Abends, als sie bei Petroleumlicht an Deck der »Mauna Loa« saßen und auf die hart schlagenden Wellen gegen den Schiffsrumpf lauschten, »Karl, die wollen mich zur Puffmutter machen. Und das ist hier etwas verdammt anderes als in der Herbertstraße in Hamburg.«

»Liebes, wir sind frei und haben Zeit«, sagte Karl.

Also nahm Edda das Angebot an. Sie organisierte regelmäßige Gesundheitskontrollen, begrenzte den Kreis der Prostituierten trotz des überschäumenden Protestes der Bananendampfer-Besatzungen auf über 16jährige, gab kostenlos Verhütungsmittel aus, richtete eine Kleinstklinik für abgearbeitete Mädchen ein und reduzierte die Quote ungewollter Schwangerschaften auf fünf Prozent.

Karl baute mittlerweile die Hafenanlagen mit den Bananenkais um. Er ersetzte die vielen morschen Bretter durch neue Bohlen, erhöhte die Zahl der Laternen und Hilfspolizisten — mancher Kapitän war noch zwei Schritt vor seiner Gangway überfallen und beraubt worden —, und überwachte die Anlieferung der Bananenstauden aus dem Hinterland.

Karl und Edda arbeiteten wie vor ihrer Abreise, mehr sogar. Manchmal seufzte Edda: »Ich würde ja gern weiter. Aber was wird aus meinen Mädchen?«

Karl nickte und sagte nichts. Manchmal blickte er versonnen auf den Schriftzug »Mauna Loa« am Heck seines Schiffes. Er war jetzt 62. Bis 70, das traute er sich zu, würde er den Pazifik noch bezwingen und zum Vulkan seiner Träume segeln können; dorthin, wo der Blick weit und der Horizont fern ist...

JODELARITIOOO,
OH, OH, OJEMINEEE!
DIOXIN

7
Keine Heimat in der Heimat

Ob ich was bin? 'n Aussteiger? Wie kommense denn da drauf? Bloß, weil ich hier Beine baumeln laß?

Nee, nee. Kein Aussteiger! Umsteiger. Bestenfalls. Übrigens schöne Gegend, nich? Hat mich schon als junger Mann fasziniert, als ich Hemingway las. Key West — das klingt wie Honig auf der Zunge. Echter Bienenhonig, mein ich, nicht dieses künstliche Zeugs, was die heute überall verkaufen. Wissense übrigens, daß sich der alte Suffkopp hier mit seiner Flinte selbst ins Bein geschossen hat? An Bord seiner Yacht. Beim Barracuda-Fischen. Machte für die Öffentlichkeit natürlich 'ne Verwundung aus dem spanischen Bürgerkrieg draus. Klang ja heldenhafter als die Wahrheit.

Was machense? ’n Buch über Aussteiger? Mann, und dann geraten Sie ausgerechnet an mich! Nee, da kann ich nun wirklich nichts zu beitragen.

Ausstieg in die Politik

Ach, Geschichten interessierense auch? Meine? Also, ich weiß nicht, ob ich ’ne Geschichte hab. Aber wennse ’n bißchen Zeit haben.. Ich bin ja Reden gewohnt. Das bringt die politische Arbeit so mit sich. Klar war ich in der Politik. *Die Alternative Vereinigung der Individualisten Deutschlands.* DAVID. Klingt gut, was? Denkt jeder Gebildete gleich an Michelangelo. Ich find ihn ja nicht so gelungen, den echten David mein ich, den in Florenz. Aber ist ja ’ne Touristenattraktion. Besonders Deutsche und Japaner.

Wo ich aufgewachsen bin? Und wie? Ach, junger Mann, das klingt fürse wie Geschichte, wissen ja nichts davon. Braunschweig, Eltern früh geschieden, Heime, Pflegeeltern auf’m Land, Prügel, Kohldampf, Bomben. Nichts gelernt. Bin ich ins Krankenhaus, Geld verdienen. In der Wäscherei. Und dann wurde ich Präparator.

Schöner Beruf? Nee, nee, nich wiese denken, Vögel, Katzen oder Schlangen. Menschen. Präparator und Sektionsgehilfe in der Pathologie. So das Gegenstück zur OP-Schwester vorher. Ich hab dem Gerichtsmediziner assistiert. Und hinterher die Leichen wieder landfein gemacht, für die Visite der Angehörigen. Oder bei Ausländern für die Heimreise.

Ob ich das über hatte? Nee, warum denn? Könnte heute 'ne Menge Geld in der Pathologie verdienen. Aber hatte damals grade 'ne Taxenkonzession.

Bedauert? Nee, bedauert hab ich das nicht. Ich war mein eigener Herr, konnte fahren, wann ich wollte, auch mal blau machen. War ja schon immer sehr freiheitsliebend. Wissense, die Zwänge heutzutage... Was kann denn ein Mensch überhaupt noch allein entscheiden? Was und wo und wie er arbeitet? Nee. Wie wollense da eigentlich Kinder erziehen? Ich hab ja zum Glück nie welche gehabt. Aber manchmal denkt man doch, was hätteste denen mit auf den Weg gegeben? Video mit zehn, Auto mit achtzehn? Das reicht doch nich, oder?

Wieso geht das nich umse? Ach, nur ich soll reden, se halten sich da raus? Wieso denn? Habense schon mal was von Einbringen gehört? Sich selber einbringen? Nee? Na, vielleicht lernse's noch.

Ob ich mal ans Aussteigen gedacht habe? Immer nur das Thema im Auge, was? Klar, hab ich. War auch gar kein Vorbeikommen Anfang der Siebziger.

Ob ich es versucht hab? Mehrmals, mein Junge, mehrmals. Auf Gran Canaria und in Umbrien. Wennde aussteigen willst, brauchste Land. Wegen der Autarkie. Essen und Trinken mußte vom Boden haben. Hab mir da einiges angesehen. In Umbrien zum Beispiel. Bauernhof. Aber schwerer Boden, und die hatten nur einen Traktor, keine Raupe. Landmaschinen sind in Italien teuer, und wennde Malesche während der Ernte hast, kannste alles vergessen. Die hab'n keine Ersatzteile, können nich reparieren... Na, und die Bewässerung. Das Wasser hat nich gereicht, hättste 'n Stausee bauen müssen. Hätte ich ja auch.

Aber da hab ich mir das nochmal im Winter angesehen. Dicker Schnee. habense uns mit'm Trecker rausziehen müssen. Und kein Ofen im Zimmer. Der Atem hing morgens als Wasser an den Scheiben. Nee, mein Junge. Wennste den Krieg mitgemacht hättest, wüßteste, daß das keine Blaue Blume ist. Geheilt? Nee, glaub ich nich. Hab das dann ja versucht mit DAVID. Hab ich gedacht, machste Aussteigen im Lande, mit Wasser, Strom und Heizung, aber neuen Ideen. Sich gesund ernähren, den andern nich überbügeln, Individualität wahren, auch wenn's mühsam is und lang dauert...

Und irgendwann war ich Vorsitzender. 'n anderes Wort haben die damals nich gefunden. Ich auch nich, leider. Du bist ja so in den traditionellen Denkschablonen... Und irgendwann kriegte das alles dann seine Eigendynamik. Weiß nich, ob es anders gekommen wär, wenn ich nu auf Wasser, Strom und Heizung verzichtet und das alles in Umbrien gemacht hätte. Jedenfalls hatte ich plötzlich 'ne positive Presse, den Vorsitz der Partei, 'ne Zimmerflucht in Bonn mit Assistent, Sekretärin und Fernschreiber.

Genossen? Nee, junger Freund, genossen hab ich das nich. Ich war dabei ganz weg von meiner Freiheit und von meinen Ideen. Und dann sollte ich das Bundesverdienstkreuz kriegen. Ich, der ich allen Aussteigern eine Heimat in der Heimat schaffen wollte! Beim Bundesverdienstkreuz wußte ich, irgendwas war schiefgelaufen. Natürlich hab ich's nich angenommen. Bin abgehauen. Hab mein Haus in Braunschweig verkauft und hier 'ne Hütte am Strand gemietet. Mit Wasser, Strom und Heizung. Kann da nich aus meiner Vergangenheit raus. Will ich auch nich. Bin aber immer noch verdammt am Überlegen, was ich falsch gemacht hab.

Gibt keine Geschichte fürse über Aussteiger? Junger Mann, lassense sich mal was von einem alten Mann sagen — wennse Geschichten schreiben wollen, müssense sich auch'n paar anhören, mit denense nichts anfangen können. Das gehört einfach zur Biographie. Klaro?«

MEIN GOTT, WILLI, WEISST DU NOCH? VOR SECHS JAHREN WOLLTE MAN DICH HIER IN BONN ZUM KULTUSMINISTER MACHEN.
ITAL

8 Ein streng geheimes Interview

Der deutschen Presse wird oft zum Vorwurf gemacht, sie verstehe die Pressefreiheit lediglich in dem Sinne, daß der Verleger bestimmt, was der Leser zu lesen hat. Natürlich ist das eine bösartige Verleumdung. Es gibt eine ganze Reihe verantwortungsbewußter Journalisten, die von sich aus bestimmen, was der Leser nicht zu lesen hat. Einer von ihnen ist der angesehene Autor Alexander Frust, der in mehreren renommierten Blättern publiziert. So hat er beispielsweise kürzlich ein Interview mit dem Staatssekretär im Bundesfinanzministerium, Gotthold Ephraim Schauderfluß, aus staatstragenden Erwägungen nicht veröffentlicht, sondern in seiner Memoiren-Zettelsammlung abgelegt. Ja, so einer war der Alexander Frust!

Da Frust ein Mann in den besten Jahren ist und seine Memoiren frühestens im Jahre 2003 erscheinen werden, das Interview jedoch höchst aufschlußreiche Passagen zum Thema Aussteiger enthält, erlauben wir uns hier einen Vorgriff und drucken sozusagen als Leseprobe das Gespräch zwischen Frust und Staatssekretär Schauderfluß im Wortlaut ab — allerdings ohne Gewähr.

Schauderfluß: »Hallo, Alex. Keine Zeit heute.«

Frust: »Wir brauchen aber ein Interview mit dir.«

Schauderfluß: »Schreib's selber!«

Frust: »Dazu muß ich wissen, was euer Laden zum Thema Aussteiger sagt.«

Schauderfluß: »Frag den Minister.«

Frust: »Der reist gerade durch Feuerland, um sich Anregungen für seine Steuerreform zu holen.«

Schauderfluß: »Dann warte, bis er zurückkommt.«

Frust: »Zu spät. Wir haben 'ne Anzeige von der Alternativen Landwirtschaftlichen Selbstbau- und -betriebsgesellschaft mbH bekommen, halbe Seite. Möchte wissen, wo die das Geld herhaben. Für 23.000 Eier mußt du ganz schön viele Rüben ernten. Egal. Ich soll den Platz über der Anzeige füllen. Thematisch angepaßt natürlich. Also sag schon was!«

Schauderfluß: »Tut mir leid, Alex. Wirklich.«

Frust: »Komm, Schaudi. Wir waren doch immer ein gutes Team. Ich hab dich damals auch als einziger deutscher Journalist nicht in die Pfanne gehauen,

als du mit dem Garski... Sag mal, was packst du da eigentlich dauernd? Gehst du auf Dienstreise?«
Schauderfluß: »Sozusagen. Ja.«
Frust: »Mit 'nem ganzen Überseekoffer? Wieso macht das nicht deine Frau oder deine Sekretärin?«
Schauderfluß: »Alex, kann ich mich auf deine journalistische Schweigepflicht verlassen?«
Frust: »Ich arbeite schließlich nicht für BILD!«
Schauderfluß: »Aber du warst mal bei BILD. Früher.«

Frust: »Und du Pimpf! Hab' ich auch nie gegen dich verwendet. Also, was ist los?«
Schauderfluß: »Ich steige aus.«
Frust: »Nee!«
Schauderfluß: »Ja.«
Frust: »Du? Aber wieso? Warum?«
Schauderfluß: »Das fragt mich ausgerechnet so ein Hektiker wie du? Wer wollte denn mit seiner Alster-

Jolle aussteigen und den Stillen Ozean durchqueren? Das hast du doch vorgehabt — oder?«
Frust: »Ach, Schaudi, die Umstände sind nun mal zur Zeit nicht so. Aber du? Warum gerade du?«
Schauderfluß: »Ich habe dieses ganze defätistische, unverantwortliche Pack hier in Bonn so satt. Da werden Jahr für Jahr an die 30 Milliarden Mark für Panzer, Phantoms und PR-Anzeigen ausgegeben, anstatt Kindergärten, Krankenhäuser und geriatrische Anstalten auszubauen. Verträgt sich das etwa mit unserer freiheitlich-demokratischen Grundordnung? Alex, wenn eine Million Menschen aussteigen, fehlen dem Staat genau diese 30 Milliarden. Ich hab das gerade mal ausrechnen lassen. Hier, lies diesen Schmarren. Vielleicht — ich sage ganz bewußt vielleicht — wird unser schlafmützziges Parlament dann endlich aufwachen und vor dem Untergang der Republik noch einen schmalen Silberstreif an den Horizont malen.«

Der Kanzler kommt mit

Frust: »Aber Schaudi! Ich wußte gar nicht, daß du ein Moralist bist.«
Schauderfluß: »Ich gehe auch nicht allein. Der Kanzler kommt mit.«
Frust: »Schaudi, nein!«
Schauderfluß: »Doch! Wir haben uns unter der hundertjährigen Platane vor dem Bundeskanzler-

amt gefunden. Er leidet darunter, daß niemand ihm glaubt, daß er leidet. Er leidet an seinem Amt, an seinem Volk, an seinem Eid. Übrigens packt auch er gerade. Sein Lebensziel ist es, unter einem blühenden Birnbaum im Gras zu liegen und die Welt, Verzeihung, die Wolken an sich vorbeiziehen zu sehen. Welch ein Traum von einem besseren Deutschland! Ich werde ihm dabei die Hand halten. Und nun leb wohl, Alex.«

Frust: »Nein, Schaudi! Wie soll ich meine halbe Seite voll kriegen? Wer kann mir denn... Schreibst du mir wenigstens mal 'ne Ansichtskarte? Ich will auch gern das Porto bezahlen. Schaudi!!!«

SICHER WERDEN WIR ALS DIE ERSTEN AUSSTEIGER IN DIE MÄRCHENWELT EINGEHEN.

9
Testen Sie sich selbst Sind Sie ein Aussteiger-Typ?

Der bekannte österreichische Psychologe und Kommunikationsforscher Prof. Dr. Erwin Löscher, dessen berühmter »Analog-Test« vor einigen Jahren weltweit Schlagzeilen machte, hat jetzt einen Aussteiger-Test entwickelt, dessen Auswertung eine exakte Einteilung der gesamten bundesdeutschen Bevölkerung in die drei Gruppen »absolut aussteigungsresistent«, »potentiell aussteigungsgefährdet« und »zu spät, bereits ausgestiegen« ermöglicht. Dieser Test — dem übrigens künftig auch alle Wehrpflichtigen bei der Musterung unterzogen werden sollen — wird hier zum erstenmal veröffentlicht. Nutzen Sie die Chance! Testen Sie sich selbst! Wenn Sie ehrlich alle Fragen beantwortet haben, wissen Sie nach Auswertung und Ergebnis, also spätestens binnen einer halben Stunde, ob Sie ein Aussteiger-Typ sind oder nicht. Gönnen Sie sich diese halbe Stunde — Sie können sich damit unter Umständen jahrelange Gewissenskonflikte und sogar lebenslang nachteilige Fehlentscheidungen ersparen.

Aussteiger-Test: Die Fragen

1. In welche Dekade Ihres Tierkreiszeichens fällt Ihr Geburtstag?
   A. In die erste
   B. In die zweite
   C. In die dritte
2. Können Sie Kühe melken?
   A. Selbstverständlich
   B. Hab's noch nie versucht
   C. Nein
3. Wenn Sie viel Geld hätten, würden Sie sich lieber chinesisches Porzellan oder ein Gestüt kaufen?
   A. Porzellan
   B. Gestüt
   C. Weder noch
4. Wie oft schimpfen Sie über das Wetter?
   A. Dauernd
   B. Manchmal
   C. Wetter interessiert mich nicht
5. Haben Sie eine Quarzuhr oder noch eine zum Aufziehen?
   A. Eine Quarzuhr
   B. Eine zum Aufziehen
   C. Gar keine

6 Wo steht der Spruch: »Komm mit«, sagte der
   A. Im Nibelungenlied
   B. In George Orwells

Hahn, »etwas Besseres als den Tod werden wir überall finden!«

Farm der Tiere«

C. Im Märchen von den Bremer Stadtmusikanten

7. Wissen Sie, was ein Palstek ist?

A. Nein

B. Nicht genau

C. Natürlich

8. Welches Fernsehprogramm hat Ihrer Meinung nach mehr Qualität, das Erste oder das Zweite?

A. Das Erste

B. Das Zweite

C. Keines von beiden

Lesen Sie die Auswertung dieser acht Fragen auf Seite 109.

T'SCHULDIGUNG. WO GEHT'S DENN HIER NACH COSTA RICA?
ENTE

10 Aussteiger ohne Führerschein

Anton?«

»Bitte, der Herr?«

»Nochmal dasselbe.«

»Das gleiche noch einmal. Sehr wohl.«

Vier Minuten später.

»Ein Kännchen Kaffee, einen doppelten Cognac. Bitte sehr, der Herr.«

»Wieso nennen Sie mich immer noch 'der Herr', Anton? Ich komme jetzt seit vier Monaten, und Sie wissen genau, daß ich Blaumerl heiße. Heinz-Peter Blaumerl.«

»Ich weiß.«

»Also, warum?«

»Jeder Beruf hinterläßt seine Spuren. Bei mir mag es eine gewisse — zugegeben vielleicht etwas zu geschliffene — Höflichkeit sein, bei Ihnen ist es...« Anton macht eine vage Geste über das Gedeck. »Wohl bekomm's, der Herr.«

Glanzvolle Vergangenheit

»In diesem Laden können Sie das aber kaum gelernt haben.«

»Ich bin auch erst seit elf Jahren hier.«

»Und vorher?«

»Interessiert es Sie wirklich?«

»Klar. Als Journalist hat man berufsmäßig neugierig zu sein.«

»Gelernt habe ich im 'Steigenberger' Düsseldorf. Dann war ich im Hamburger 'Vier Jahreszeiten'.«

Blaumerl pfeift anerkennend durch die Zähne. »Im besten Hotel der Welt?«

»Jawohl.«

»Sie dasselbe, Anton? Ich lad' Sie ein.«

»Wenn ich mir erlauben darf — nur ein Kännchen Kaffee. Verbindlichsten Dank, der Herr.«

Anton verschwindet kurz in der Küche und serviert sich dann Kaffee an Blaumerls Tisch.

Die beiden Männer schlürfen still ihren Kaffee.

»Wenn ich mir die Frage erlauben darf, der Herr — Sie schreiben wieder an einem schönen Artikel?«

»Artikel? Diesmal 'ne ganze Serie. Über Aussteiger. Aber davon verstehen Sie ja wohl nichts.«

»Nein.«

»Seien Sie froh. Nichts als Verrückte. Haben tausend Rosinen im Kopf und wundern sich, daß die Welt kein gigantischer Rosinenkuchen ist, sondern eine Menge Schwarzbrot. Fühlen sich dann persönlich gekränkt. War auch auf Ithaka. Da wollten ein paar Deutsche ein Aussteiger-Camp aufbauen. 10.000 Mark für die Teilnahme am großen Glück. Wissen Sie, wieviel gezeichnet haben? Sie glauben's nicht: mehr als 3.600! Klar haben die Griechen ihnen Land verkauft. 'ne Steinwüste für fast 900.000 Mark. Und da kamen sie dann angereist, die großen Idealisten. Schwärmten von Utopia und kriegten nicht mal 'ne Holzhütte zusammengenagelt. Ihr Windrad funktioniert nicht, ihr Brunnen fördert nur Salzwasser, und zwischen ihren Steinbrocken wächst nicht ein Halm Gerste. Im Sommer ist das Camp voll mit angegrauten Hippies, die billigen Urlaub machen wollen. Im Winter haust da ein knappes Dutzend Unbelehrbarer, in Amizelten und Alufolie gegen den Frost. Aber auf das Scheißdeutschland schimpfen! Nee, Anton, ich bin weiß Gott kein Patriot. Und viel rumgekommen. Aber

ich bin froh, wenn ich wieder im eigenen Lande bin. Mann, hier hat alles seine Ordnung, hier machste dein Geld und hast irgendwann Feierabend und Urlaub und düst dann in die Karibik oder nach Kenia... Hast du auch schon mal ans Aussteigen gedacht?«

»Nein, das heißt, ja... vielleicht... also meine Zukünftige... meine Verlobte, sie wollte mal... und will noch... Ist das wirklich für Sie von Belang?«

Eine rührende Geschichte

» 'türlich. Seit wann bist du denn verlobt? Bring mir noch 'n Cognac. Doppelt, wie immer.«

»Sehr wohl.«

Anton serviert ein neues Glas.

»Wie lange kennst du deine Verlobte schon?«

»Kennen? Oh, lange, der Herr. Sehr lange. Interessiert es Sie wirklich?«

»Sag ich doch.«

»Zum erstenmal war sie am 3. September 1974 hier. Sie saß dort drüben, Tisch 7. Eine gute Station. Fensterplätze. Immer viel Betrieb. Eine schöne Frau. Blond, nicht so mager, mit herrlichen kleinen Füßen. Ich liebe Frauen mit kleinen Füßen, müssen Sie wissen. Die jungen Mädchen heute haben fast alle Schuhgröße 40 bis 42. Wie die Burschen. Und sie trug eine durchbrochene, rote Sandalette, ihre

Die Sonnenuntergänge sind ja ganz nett hier, aber das Fernsehprogramm ist beschissen! schimpfte Frau Lüdke allabendlich.

Zehennägel waren silbern lackiert und schimmerten wie Perlen durch die sandfarbenen Strümpfe.«

»Sag mal, siehst du allen deinen Gästen so genau auf die Füße oder nur den Frauen?«

»Der Beruf schärft den Blick. Außerdem habe ich immer nach solchen schmalen Füßen gesucht.«

»Also, weiter. Wie ging's weiter?«

»Sie wirkte sehr nervös, schaute immer wieder zur Tür, wenn ein neuer Gast hereinkam. Eigentlich hätte Harry sie bedienen müssen. War seine Station. Aber ich tauschte mit ihm. Sie warte auf jemanden, sagte sie, den sie noch nicht kenne. Ich brachte ihr einen Sherry. Sie nahm dry. Sehr ungewöhnlich für eine Frau. Die meisten trinken Cream. Da war mir dann endgültig bewußt, daß sie Klasse hat. Ja, und schließlich kam der Mann. Nichts Besonderes, wenn ich mir dieses Urteil erlauben darf, posthum sozusagen. Er trug eine Ausgabe der Wochenzeitschrift »DIE ZEIT« in der Hand, und als sie das sah, sprang sie auf.«

»Wieso?«

»Das habe ich mich damals auch gefragt. Sie hat es mir später erzählt. Er hatte eine Anzeige aufgegeben, unter Heiraten, verstehen Sie? »Aussteiger sucht Aussteigerin«. Sie hat drauf geschrieben, und er fand sie wohl sympathisch, brieflich jedenfalls. Er lud sie zum Essen ein. Als ich vorlegte, hörte ich, wie er gerade sagte: 'Ich bin zwar nur ein kleiner Beamter, Katrin. Ich diene diesem Staatswesen, indem ich Kanalbrücken konstruiere. Aber ich habe große Träume. Miß Menschen an ihren Träumen, nicht an ihren Taten, dann kennst du ihre Seele, das hat schon...' Wer das mal gesagt haben soll, konnte ich nicht mehr hören. Ich wurde dringend an Tisch 14 verlangt. Da war einer Dame ein Wachtelschenkel auf den Schoß gefallen, weiße Seide.«

Und noch 'nen Doppelten

»Was war denn nun mit den beiden? Sind sie ausgestiegen oder nicht? Mensch, Anton, verlier dich nicht in Kleinigkeiten. Und noch'n Doppelten.«

Anton bringt ein neues Glas Cognac.

»Wenn Sie erlauben, der Herr, erzähle ich weiter.«

»Los.«

»Sie kamen an jedem 3. September her, dem Tag ihres Kennenlernens. Und ich tauschte dann immer mit Harry die Station. Bitte, ich habe nie absichtlich gelauscht. Aber als Kellner bekommt man doch eine Menge mit, ob man will oder nicht. Er hatte ein absolut perfektes Wohnmobil konstruiert, mit Dusche, Waschmaschinenanschluß, Geschirrspüler, Tiefkühltruhe, Klimaanlage. Er suchte nur noch die passende Frau dazu. Er wollte mit einem Frachter nach

Kanada übersetzen und dann die Traumstraße der Welt runter, Sie wissen, von Alaska nach Feuerland.«

»Ich weiß, Anton. Weiter.«

»Und sich dann irgendwo abseits vom Wege niederlassen. Mais anbauen oder Rinder züchten oder Bergziegen in den Anden.«

»Und wo hat er das Geld her? Ein städtischer Konstrukteur kann sich das mit seinem BAT-Dingsbums kaum leisten, soweit ich weiß.«

Eine schöne Hochzeit

» Er war von Haus aus etwas wohlhabend. Nicht viel, aber es hätte gereicht. Sein Vater war Städteplaner, und er hätte da eigentlich einsteigen sollen. Aber er war wohl eher ein Tüftler, ein bißchen verschlossen, vielleicht auch versponnen, kein Unternehmertyp. Eigentlich kein Mann für Katrin.«

»Und dann?«

»Sie heirateten am 5. September 1975. Ein Jahr und zwei Tage nach ihrer ersten Begegnung. Die Hochzeit wurde hier gefeiert, im großen Saal da drüben. Es gab norwegischen Lachs als Vorspeise, dann Kressecremesuppe, als Hauptgang Rinderfilet Wellington und hinterher ein Früchte-Mosaik mit Sorbets. Eine schöne Hochzeit. 6.400 Mark Umsatz — 50 Personen. Katrin trug ein cremefarbenes Spitzenkleid mit einer hochhackigen Goldsandalette, goldlackierte Fußnägel und die neuen Cremestrümpfe, von Dior, vermute ich.«

»Ich brauch noch 'nen Doppelten.«

Anton schenkt nach.

»Sag mal, interessiert dich an einer Frau eigentlich noch was anderes als die Füße?«

»Aber ja, der Herr. Das Innere hat doch auch seinen Wert! Die Güte zum Beispiel, die Klugheit des Herzens.«

»Ach, ja? Na, und dann?«

«Sie meinen das Aussteigen?«

»Klar.«

Flitterwochen in Doppelgarage

»Ja, das war wohl nicht so. Bitte, ich sagte Ihnen schon, ein Kellner lauscht nicht. Aber ich kann meine Ohren schließlich nicht verschließen, oder? Eigentlich wollten sie ihre Hochzeitsreise im Wohnmobil machen, nach Italien. Zum Eingewöhnen sozusagen. Aber kurz vorher hatte er gerade gelesen, wie gefährlich Bleirohre sind, und da mußte er natürlich alle Rohrleitungen im Wohnmobil austauschen. Er nahm Kunststoff stattdessen. So verbrachte Katrin ihre Flitterwochen in der Doppelgarage.«

»Was ja wohl auch eine Art von Aussteigen ist!«

»Zumindest ungewöhnlich. Da gebe ich Ihnen recht.«

»Weiter!«

»Sie beschlossen daraufhin, am nächsten 3. September loszufahren. Aber an dem Tag speisten sie hier und unterhielten sich darüber, welchen Antipollenfilter sie ihrer Klimaanlage vorschalten und ob sie lieber die neuen Luftbefeuchter von Siemens oder von Krups nehmen sollten. Ganz ehrlich, ich habe diesem Disput nicht recht folgen können. In Alaska gibt es bestimmt keine Pollen, und am Amazonas ist die Luft von Natur aus feucht, oder? Auf jeden Fall, ein Jahr später waren die beiden immer noch hier. Damals kamen die Solarzellen auf, und er riß das gesamte Dach vom Wohnmobil ab und ersetzte es durch diese Zellen, die Energie liefern, wenn die Sonne scheint. Allerdings hatte er dabei den TÜV vergessen. Das Dach war zu hoch geraten, und er hatte kein Baumustergutachten. Ich verstehe davon ja nichts. Auf jeden Fall feierten sie den fünften Jahrestag ihres Kennenlernens hier. Katrin war in keiner besonders guten Stimmung. Sie warf ihm vor — soweit ich das beim Servieren und Vorlegen mithören konnte oder besser mußte! —, also, sie warf ihm vor, er verzögere die Abreise und benutze seinen verdammten — das hat sie wörtlich gesagt! —

— seinen verdammten Perfektionismus als Entschuldigung. Unbewußt vielleicht, aber immerhin. Katrin sah übrigens hinreißend aus. Sie trug dunkelblaue Strümpfe zu einer...«

»Anton, nun laß gefälligst die Strümpfe beiseite und bring mir noch 'n Doppelten.«

»Sehr wohl.«

Anton schenkt nach.

»So, und der Rest deiner Geschichte?«

»Oh, da gibt es nicht mehr viel zu sagen. Ich hatte ja immer nur Augen für Katrin, wie Sie vielleicht schon gemerkt haben mögen. Sie feierte auch ihren fünften Hochzeitstag hier. Da hatten, wenn ich mich recht erinnere, die Reifen des Wohnmobils vom langen Stehen einen Platten, wie man so sagt, und da nur Goodyear-Reifen paßten, bekam er keinen Ersatz. Ja, und dann kam irgendwann der Rost. Und dann gab es eine besondere Art von Wärmedämmung. Bitte, ich verstehe davon nichts. Ich sah nur Katrin. Und von Jahr zu Jahr wurde sie gereizter. Der zehnte Jahrestag ihres Kennenlernens war besonders bitter. Sie bestellte gebackene Forelle und Katrin trug gepunktete schwarze Strümpfe...«

»Anton!«

»Ja. Also, schon vor der Forelle hielt sie ihm vor, er täusche sie, er denke gar nicht ans Aussteigen, er sei zu feige dazu, sie habe sich in seinen Traum verliebt, nicht in ihn, nun sei ihre Geduld erschöpft und jetzt — und mehr habe ich nicht hören können, weil ich an Tisch 9 abkassieren mußte. Die hatten viermal Wildleckerbissen mit Wachteln. . .«

»Zur Sache, Anton! Und noch'n Doppelten.«

»Sehr wohl.«

Anton gießt nach.

»Also, was war am zehnten Hochzeitstag? Ein Jahr später?«

»Da war Katrin in Trauer.«

»Was?«

»Wissen Sie, sie stammt vom Land, wie ich. Und da werden bestimmte Regeln eben noch eingehalten. Das mag einem Stadtmenschen vielleicht etwas absonderlich erscheinen, aber es hat ja auch sein Gutes, nicht wahr?«

»Wieso?«

»Die Ordnung, der Herr. Wenn eine Frau schwarz trägt, weiß man doch, wie man ihr zu begegnen hat. Vorsichtig und einfühlsam. Ich besorgte Katrin ihren Stammplatz am Fenster, wo sie immer mit ihm gesessen hatte. Mein Chef sah das gar nicht gern. Eine einzelne Frau an einem Sechs-Personen-Tisch — das schmälert den Umsatz. Aber ich habe mich durchgesetzt. Katrin stand das Schwarz übrigens ausgezeichnet. Es kontrastierte so gut zu ihrem blonden. . .«

»Woran starb der Möchtegern-Aussteiger?«

»Offiziell war es ein Unfall. Er fuhr einen Polo, oder einen Fiat, oder einen. . wie heißen diese kleinen französischen. . .?«

Denkt euch nichts! erklärte das Schwein.
Er war früher Oberkellner im „Vier Jahreszeiten"!

»Ist doch völlig egal.«

»Ja, aber auf gerader Strecke. Weit und breit keine Kurve, keine Ein- oder Ausfahrt. Und trotzdem traf er den einzigen Chausseebaum auf fünf Kilometern. Es könnte natürlich auch ein Reh gewesen sein, aber es gab keine Bremsspuren. Ja, man könnte lange darüber spekulieren...«

»Du meinst Selbstmord?«

»So hart würde ich es nun wieder nicht sagen.«

»Dazwischen gibt es nichts, Anton. Und jetzt willst du die blonde Witwe ehelichen, was?«

»Ich würde mein Leben dafür geben.«

»Dann mach es doch.«

»Es gibt da leider ein Problem.«

»Sie mag dich nicht!«

»Oh, doch. Hätte sie sich sonst mit mir verlobt?«

»Kaum anzunehmen. Und das Problem? Moment! Laß mich raten. Ich hab's. Das Wohnmobil. Stimmt's?«

»Ganz richtig.«

Kein Durchstehvermögen

»Mensch, Anton. Kumpel! Wenn's weiter nichts ist. Laß dir von einem altgedienten Journalisten und Menschenkenner sagen: Frauen haben kein Durchstehvermögen. Du nimmst also deine Katrin und das Wohnmobil, und dann macht ihr einen Urlaub in Nordportugal, in den Bergen, verstehst du? Wo weit und breit nichts ist. Und ganz zufällig geht dabei der Schlauch von der Dusche kaputt, der Vorratstank kriegt 'n Leck, Ihr habt kein Wasser mehr, die Solarzellen liefern keinen Strom, sie kann nicht kochen, der Kühlschrank fällt aus — mußt du natürlich überall 'n bißchen nachhelfen, aber alles ganz vorsichtig, damit sie nichts merkt. Das nächste Dorf mindestens 15 Kilometer entfernt und Hochsommer, verstehst du, 50, 60 Grad in der Sonne, und dann schick sie los mit 'm Kanister Wasser holen und erzähl ihr, hier hätte sie's noch gut, auf der Traumstraße der Welt müßte sie 150 Kilometer weit zur nächsten Wasserstelle laufen. Anton! Ich schwöre dir, nach so 'nem Urlaub ist sie ihre Aussteigermarotte los. Ende der Traumstraße.«

»Ich bin Ihnen wirklich sehr dankbar, wie Sie an meinem Schicksal teilhaftig werden. Das ist eine exzellente Strategie. Aber sie löst mein Problem nicht.«

»Nee, wieso nicht?«

»Ich habe keinen... Führerschein.«

»Dann mach ihn doch.«

»Ja, sehen Sie, ich bin jetzt 39...«

»Na und?«

»... und schon zweimal durch den ... Idiotentest gefallen.«

»Mensch, Anton! Das ist natürlich 'n Ding! Darauf gib mir man noch 'n Doppelten. Anton, wieso heulst du denn? Anton!«

ICH GEH MAL EBEN ZIGARETTEN HOLEN. MAUS!
TOD
FRAU IM EI

11
Nur eben mal Zigaretten holen

Revierwache 3, Essen-Borbeck, Schloßstraße 28. 0.50 Uhr. Polizeihauptmeister Werner Reczcyinski und sein Kollege, Poleizeiobermeister Horst Stephanskow, schieben Nachtschicht von Sonntag auf Montag. Nichts los.

Stephanskow schläft, den Kopf neben dem vollen Aschenbecher auf dem Schreibtisch; Reczcynski liest den neuesten Perry Rodan, die Füße auf dem Aktenschrank.

Das Telefon klingelt. Reczcynski rüttelt seinen Kollegen wach. »Arbeit, Horst.«

»Was'n los?«

»Telefon.«

»Mensch, geh du doch ran.«

»Is' grad so spannend.«

»Mein Traum auch.«

Nach dem sechsten Klingeln hebt Stephanskow ab, meldet sich vorschriftsmäßig.

»Hier ist Frau Gaiger, Ottilie. Mit ai. Mein Mann ist verschwunden.«

»Seit wann?«

»Sonnabend vor der Tagesschau. Wollte nur mal eben Zigaretten aus dem Automaten holen. Das ist bei uns gleich um die Ecke, Bismarckstraße, wissen Sie?«

»Ja und?«

»Und seitdem hab ich ihn nicht mehr gesehen. Ich mach mir ja solche Sorgen. Er hat nur Puschen an und keine Jacke. Wo es doch jetzt so regnet. Er hat nämlich schon mal eine Lungenentzündung gehabt. Da war er 13 und in der KLV.«

»Wo?«

»In der Kinderlandverschickung. Sie kennen das wohl nicht mehr.«

»Nee.«

»Kann ich denn eine Vermißtenanzeige aufgeben, und Sie suchen ihn?«

»Liebe Frau...«

»Gaiger, mit ai.«

»Gaiger. Wenn wir alle Ehemänner suchen sollten, die 24 Stunden von zu Haus...«

»29!«

»...also 29, dann gäbe es in ganz Essen keinen Polizeibeamten mehr. Alle unterwegs.«

»Aber so lange war er noch nie...«

»Liebe Frau...«

»Gaiger, mit...«

»... ai, ich weiß. Also, passen Sie mal auf. Sie gehen jetzt schön schlafen, und morgen früh, wenn sie aufwachen, ist Ihr Mann wieder da, ja?«

»Ja, und wenn nicht?«

»Dann rufen Sie nochmal an.«

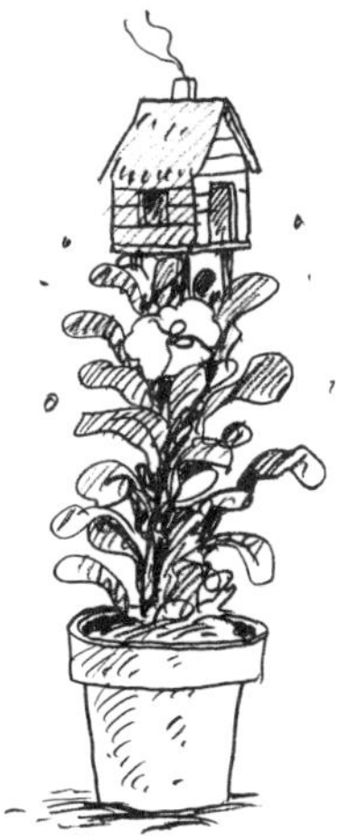

Stephanskow legt den Hörer auf. Reczcynski hat sein Buch beiseite gelegt.

»Wieder so einer von den spurlos Abgängigen?«

»Keine Ahnung. Wird schon noch auftauchen. Wer haut denn in Puschen ab?«

»Sag das nicht! Sind viele nur mal Zigaretten holen gegangen und dann in unserer Kartei aufgetaucht. Als Vermißte. 50.000 im Jahr, rund.«

»Aus Essen?«

»Quatsch. Bundesweit.«

»Und warum nur Raucher?«

»Wieso?«

»Du hast gerade gesagt, die 50.000 wollten zum Automaten um die Ecke...«

»Mann! Penn weiter, du Anfänger.«

3.25 Uhr. Ein Mann in Hosenträgern und Puschen, triefend vor Nässe, betritt die Revierwache. Reczcynski rüttelt seinen Kollegen wach. »Arbeit, Horst.«

»Was'n los?«

»Dein Aussteiger!«

Der Mann nähert sich zögernd den beiden Beamten. Stephanskow wischt sich mit der flachen Hand über die Augen.

»Na, wieder da?«

»Sie wissen also...«

»Klar. Die Polizei schläft schließlich nicht. Und nun erzählen Sie mal, warum Sie abhauen wollten. Bleibt alles unter uns, versprech ich Ihnen.«

»Eigentlich war ich ja noch gar nicht... Also, ich wollte mir Zigaretten holen...»

»Gleich um die Ecke, stimmt's?«

»Naja, man geht schon zwei Querstraßen... Auf jeden Fall, unterwegs fragte ich mich plötzlich, oder besser, es fragte mich, warum willst du wieder zurück? Was erwartet dich denn zu Haus? Du hast dir den Rücken krumm gearbeitet in 30 Jahren für die Firma, und nun haben sie dich gefeuert. Ich bin nämlich Maurer, müssen Sie wissen, und die Konjunktur ist nicht mehr so. Wer nimmt denn noch einen Mann von 50!«

»Klar, schwieriges Alter. Aber Sie haben ja Ihre Frau.«

ICH GLAUBE, MAMMi iST AUSGESTIEGEN.
WARUM?
Ihr könnt mich alle!! Mammi.

»Ach, ich weiß nicht. Seit ich von Stütze lebe, klappt das nicht mehr so. Überall bin ich ihr im Weg. Wenn ich mal wo sitze und die Zeitung lese, störe ich sie beim Saubermachen oder beim Kochen oder bei sonst was. Ich geh schon viel raus, spazieren im Park. Aber da muß man auch vorsichtig sein. Neulich wollte ich mit einem Jungen Murmeln spielen, nur so, und da kam ein Polizist und hat mich weggejagt. Wegen der Sittlichkeit, hat er gesagt. Verstehen Sie das? Ich wollte mir doch nur die Zeit vertreiben.«

Arbeitslos und Langeweile

»Vielleicht haben Sie sich unbotmäßig..., also, und was ist mit Ihren ehemaligen Kollegen?«

»Naja, in den ersten Wochen bin ich noch ein paarmal zur Firma gegangen. Aber die sprechen jetzt von anderen Dingen, neuen Aufträgen und so. Kann ich nicht mehr mitreden. Störe ich auch, irgendwie.«

»Und Ihre Kinder?«

»Hab keine.«

»Erspart einem Mann auch 'ne Menge Ärger. Nun gehen Sie mal schön nach Hause zu...«

»...meinem Hansi. Ja, das hab ich mir auch gedacht. Wissen Sie, meine Frau wäre schon durchgekommen. Sie hilft manchmal in der Bäckerei aus, bei Sellmers. Die wollten immer, daß sie öfter kommt. Und ich hätte es auch geschafft. Irgendwo im Süden. Ich kann ja arbeiten. Nicht nur als Maurer. Unser Haus hab ich ganz allein gebaut, mit Dach und Tapeten und Einbauschränken und Fliesen im Bad und auf der Diele. Aber mein Hansi. Zuerst hatte ich ihn nur in Pflege von einem Kollegen, der ins Krankenhaus kam. Meine Frau war von Anfang an dagegen. Sie sagt, er macht so viel Schmutz, wenn er rumfliegt. Und sie muß immer hinterher. Dabei achte ich schon, daß er nicht... Und dann starb er, der Kollege, Junggeselle, keine Angehörigen. War doch selbstverständlich, daß ich Hansi behalten mußte. Und ist ja nun auch meine einzige Freude. Er sagt schon 'Guten Morgen, Pappa.' Ganz deutlich. Hab ich ihm beigebracht. Ja, und dann mußte ich daran denken, wie Hansi allein... Wer kauft ihm sein Trill und gibt ihm frisches Wasser... Und da bin ich wieder umgekehrt.«

»Völlig richtig, Herr...«

»Gai...«

»Mit ai, ich weiß.«

»Das wissen Sie auch?«

»Klar. Ihre Frau hat doch hier angerufen.«

»Meine Frau?«

»Ja. Sie macht sich schon große Sorgen.«

»Wirklich? Das hätte ich nicht gedacht. Vielleicht ist sie doch anders, als ich...«

»Ihre Frau liebt Sie. Eindeutig.«

Der Mann fängt an zu weinen.

»Nun gehen Sie schon nach Hause, nehmen Ihre Frau in den Arm, entschuldigen sich und vergessen Ihre Faxen. Verstanden?«

Nur mal mit jemandem reden!

Der Mann nickt und geht schniefend zur Tür.

»Ach, Herr Gaiger...«

Die Tür fällt ins Schloß.

»Gaiger!«

Stephanskow sieht seinen Kollegen verblüfft an, dann rennt er hinter dem Mann her, zerrt ihn am Hemd wieder in die Wachstube.

»Einen Moment noch. Ich muß 'n Vermerk schreiben für die Akten. Dazu brauch ich Ihre Personalien, Herr Gaiger.«

» Gaiger? Ich heiß Gaigenmüller, mit ai, Max.«

»Was? Und Ihre Frau Ottilie...«

»Marga. Meine Frau heißt Marga.«

»Bin ich hier im Irrenhaus? Wann sind Sie denn weg?«

»Nach der Tagesschau.«

»Sonnabend?«

»Nein Sonntag. Spätausgabe.«

»Also vor...« Stephanskow guckt zur Uhr, rechnet kurz nach, »...vor nicht mal vier Stunden. Und das nennen Sie aussteigen? Mann, wollen Sie uns verarschen?«

»Nein. Ich wollte nur mal mit jemandem reden. Und die Kneipen haben schon alle zu.«

Sechzehn Jahre bereitete sich Helmut K. auf's Auswandern nach Südamerika vor!

12 Aussteigen zu Hause

Bernie Müller war 57, als die Vorruhestandsregelung in Kraft trat. Er nahm sie an wie einen Rettungsring.

Er hatte Schriftsetzer gelernt, sich in dem großen Zeitschriftenverlag Bornemann & Vetter zum Metteur hochgearbeitet und dann, als der Bleisatz durch Computersatz mit Lochstreifen ersetzt und sein Arbeitsplatz überflüssig geworden war, sogar den Sprung in die Redaktion geschafft.

Er wurde Umbruchredakteur und rezensierte Neuerscheinungen auf dem Buchmarkt, Sparte Natur, Spezialgebiet Fischzucht und tropische Vegetation. Er hatte zu Haus ein Aquarium mit einer Sammlung seltener Mittelmeerfische, für deren Beköstigung er regelmäßig die Regentonnen auf dem städtischen Friedhof nach Wasserflöhen abkescherte, und eine Zierbanane, die nicht so recht wachsen wollte.

Bernie Müller konnte sich also zu den Fachleuten rechnen. Dann allerdings zog der Lochstreifen in zweiter und dritter Generation auch in die Redaktion ein. Die Schreibmaschinen wichen Terminals mit Bildschirm und Tastatur, die Papierseiten Signalen auf Disketten. Der Umbruch fand ebenfalls auf dem Bildschirm statt.

»Ich hab ja nichts gegen die Technik«, pflegte Bernie nun oft zu seufzen. »Aber kann sie denn nicht wenigstens einmal auch funktionieren?«

Geheimnis der Lebenskraft

Die fortschrittsgläubigen Kollegen klopften ihm dann regelmäßig auf das breite Kreuz und trösteten: »Vergiß nicht, wie lang der Weg von Ikarus zum Jumbo war.«

»So lang leb ich nicht«, brummelte Bernie.

Die skeptischen Kollegen wiegten bedeutungsschwer die Köpfe und prophezeiten: »Eines Tages gibt es einen großen Knall, und alles ist hin.«

»Ich mag keinen Lärm«, widersprach Bernie.

Abends hockte er jetzt häufig in stummer Zwiesprache vor Zierbanane und Fischen und versuchte, das Geheimnis der computerfreien Lebenskraft zu entschlüsseln. Und ihm war, als wisperten die Fische ihm zu: »Komm zu uns!« und als raune die Banane: »Werde wie ich!«

Und dann kam der Vorruhestand.

Bernie konnte aus dem Arbeitsleben aussteigen, all die ärgerlichen Errors schlagartig vergessen. Er fühlte sich voll neuer Lebenskraft und rechnete lange, welches Paradies er sich leisten könne.

»Mensch, geh nach Mallorca«, riet ein Kollege. »Da bist du der knackigste Rentner und hast alle Chancen.«

»Und was mach ich mit meinen Fischen?« fragte Bernie.

»Sylt«, schwärmte ein anderer Kollege, »nur die Insel kommt in Frage. Was sind schon die Malediven gegen den Jod-Trip der Nordseeluft!«

»Und wo laß ich meine Banane?« fragte Bernie.

Er dachte an Matissier, der entdeckt hatte: Der kürzeste Weg zu sich selbst ist, einmal um die Welt zu segeln.

Bernie Müller brauchte diesen Umweg nicht. Er blieb zu Haus. Aber er machte aus seiner Drei-Zimmer-Wohnung den Mangrovenwald seiner Sehnsucht.

Er hatte lange geschwankt, ob er den Fischen oder der kränkelnden Zierbanane den Vorrang einräumen sollte. Aber der Plan, seine 64 Quadratmeter auf Etage in ein Riesenaquarium umzuwandeln, war bereits im Vorfeld der simplen Dichtungsprobleme gescheitert. Außerdem war er nicht sicher gewesen, ob er auch seinen Lebensabend hätte im Wasser verbringen mögen; zum einen konnte er nicht schwimmen, zum anderen schien es ihm auf Dauer doch zu mühsam, all die Lebensnotwendigkeiten, die eine gewisse Trockenheit verlangen, ständig unter der Zimmerdecke zu verrichten, Kaffeekochen zum Beispiel, Würstchengrillen, Staubsaugen, Rasieren oder auch nur Schlafen.

Er erweiterte also sein Aquarium auf zehn Kubikmeter Inhalt, schüttete die restlichen 59 Quadratmeter Wohnfläche mit Mutterboden auf und installierte Luftbefeuchter und Raumklimageräte. Dann säte er Moos und Kräuter, umpflanzte seine einsame Zierbanane mit der afrikanischen Riesenblume

'Welwitschia mirabilis', Bergzedern aus Neuguinea, Orchideen und Ananas, Zweiflügelfruchtbäumen aus Malaysia und Bambus aus Indien. Überdacht wurde diese tropische Pracht von baumartigen Farnen aus Neukaledonien, deren Blätter wie Palmenwedel unter der Decke hingen.

Bernie hielt seinen Wald bei konstanten 27,2 Grad Celsius und 81 Prozent Luftfeuchtigkeit und begoß ihn täglich mit einer Mischung aus angewärmtem Regenwasser und düngerversetztem Leitungswasser. Sein Stolz war die Kannenpflanze Nephentes mit ihrer Kesselfalle für Insekten. Bernie fing jetzt außer Wasserflöhen auch Fliegen, Mücken, Wespen und Bremsen auf dem Friedhof.

Regenwald auf Etage

Der Regenwald wuchs nicht, er wucherte. Glücklicherweise starb Bernies oberer Mitbewohner nach knapp einem Jahr, und Bernie konnte dessen Wohnung mieten, die Fußböden herausreißen und seinem Etagendschungel Platz schaffen. Schließlich kaufte er noch einige Kolibris, Papageien und Zwergflughörnchen aus Borneo.

Was Bernie an Geld für seinen Regenwald ausgab, sparte er an Garderobe. Ein Lendenschurz genügte ihm, und auch den trug er nur, wenn sich ehemalige Kollegen angesagt hatten. Aber die gemeinsamen Skatabende wurden immer seltener. Spätestens nach der fünften Runde glitschten ihnen die Karten aus den feuchten Fingern, und die Papageien klauten zu oft den Skat.

Einstein — ein Penner

Bernie fühlte sich nicht ausgelastet und begann, Orchideen zu züchten. Die kostbaren blauen Vandeen aus Bangkok. Bereits nach sieben Jahren galt er zwischen Sumatra und Iquitos als Kapazität: Er hatte seinen blauen Vandeen einen Stich von Schwarz angemendelt.

Experten aus fast allen Botanischen Gärten der westlichen Welt besuchten ihn, diskutierten mit ihm und kauften ihm zur Nachzucht die schwarzstichigen Orchideen ab. Bernie hatte plötzlich einen Namen und auch Geld.

Natürlich berichteten die Fachzeitschriften häufig über ihn, die Publikumsblätter folgten, die ehemaligen Kollegen stellten sich ein und eines Tages erschien in dem auflagenstärksten Blatt seines früheren Arbeitgebers Bornemann & Vetter eine sechsseitige Farbreportage über ihn. Als zweiter Beitrag in einer Serie über Aussteiger.

Bernie schäumte. Er schrieb den ersten Leserbrief seines Lebens, der in dem Satz gipfelte: »Wer mich als Aussteiger bezeichnet, kann Einstein wegen seiner Haare nur für einen Penner gehalten haben.« Aber sein Leserbrief wurde nicht veröffentlicht.

Inzwischen hatte Bernie mit seiner Vandeen-Züchtung so viel Geld verdient, daß er zuerst drei weitere Wohnungen neben und über sich mieten und schließlich das ganze Haus kaufen konnte. Außerdem war es ihm gelungen, seinen schwarzstichigen blauen Vandeen auch noch einen Hauch von Gold anzuzüchten. Er war jetzt zweifacher Ehrendoktor und nahm bei Privatverkäufen seiner Orchideen pro Stück 12.000, bei Botanischen Gärten 4.800 Mark.

An seinem 75. Geburtstag wurde Bernie Professor honoris causa. Als er für die Reihe »Prominente im Gespräch« im Ersten Programm nach seinem größten Wunsch gefragt wurde, sagte er lächelnd: »Ich möchte noch einmal in einem großen Zeitschriftenverlag als Schriftsetzer arbeiten. Aber wie früher. Mit Blei. Ohne Computer.«

Drei Tage später begann der Fernsehsprecher im Ersten die Tagesnachrichten mit folgender Meldung: »Guten Abend, meine Damen und Herren. Der weltweit berühmteste Orchideenzüchter, Bernie Müller, hat sich seinen Herzenswunsch zum 75. Geburtstag selber erfüllt. Wie er in unserer Sendung 'Prominente im Gespräch' am vergangenen Dienstag sagte, wünsche er sich, noch einmal als Schriftsetzer im Blei zu arbeiten. Gestern hat der 75jährige Müller die Aktienmehrheit am Zeitschriftenverlag Bornemann & Vetter erworben und verfügt, daß die Herstellung statt computergesteuert ab sofort wieder über Bleisatz erfolgt...«

HB
Der Denver Clan
TEE

13 Treffpunkt: Drei rote Ahornbäume

Bereits in den sechziger Jahren pflegte Prof. Dr. Bernhard Grzimek zu sagen: »Der Mensch braucht die Natur. Und sei es in Gestalt eines Haustiers. Je höher das Stockwerk, desto größer der Hund.«

Beate und Wolf wohnten in einer Zwei-Zimmer-Wohnung auf der 21. Etage und hielten einen Bernhardiner. Poldi lag mit Vorliebe vor dem Sofa. Der erste Wohnzimmertisch hatte noch vier Beine, der zweite einen Säulenfuß, der dritte war am Boden fest verschraubt. Trotzdem kam Beate mit dem Geschirrkauf nicht nach.

Aber das war natürlich nicht der Hauptgrund dafür, daß die beiden irgendwo ein Stück Land kaufen und selbst beackern wollten.

In den Ferien fuhren sie mit Poldi in ihrer Ente durch das Bundesgebiet und suchten nach einem Fleckchen Erde, im Reinhartswald und an der tschechischen Grenze, bei Aurich und Saarbrücken. Aber nie reichte das Gesparte, immer wohnten andere Menschen zu nah. So kamen sie denn auf Kanada. Und als John Seymour sein großes Buch vom »Leben auf dem Lande« veröffentlichte, hatten sie auch ihren Reiseführer in die Alternative gefunden.

Eigentlich wollten Beate und Wolf in British Columbia siedeln, nordwestlich von Vancouver, wo die Winter milde sind. Nach anderthalb Jahren Korrespondenz mit in- und ausländischen Grundstücksmaklern blieben als erschwinglich zwei Hektar Prärie in der Provinz Alberta übrig, rund 250 Kilometer nordöstlich Edmontons in der Nähe von Elk Point.

Anhalter in Kanada

Wolf kündigte seine Arbeit bei einer Versicherungsgesellschaft, Beate verkaufte ihr schlecht gehendes Wollstübchen, Poldi wurde gegen Tollwut geimpft. An einem strahlenden Vorfrühlingstag Anfang März bestiegen die drei in Bremerhaven einen Stückgutfrachter nach Montreal. Von dort fuhren sie mit dem Zug in 61 Stunden nach Edmonton, dann mit einem Bus nach Vermilion. Am Ortsausgang stellten sie sich mit Poldi und ihren 80 Kilo Spargepäck an den Rand der Provinzstraße Nummer 41 und versuchten, Autos anzuhalten. Nach gut drei Stunden stoppte der erste Wagen. Zwei Provinzpolizisten kassierten von den beiden 12.50 Canadian Dollars wegen verbotenen Hitch-hikings und brachten sie anschließend nach Elk Point. Hier lernten die beiden Auswanderer einen künftigen Nachbarn kennen, der sie mit seinem Rover fast vor ihrem Grundstück absetzte. Die letzten zwei Kilometer mußten sie laufen.

Kurz vor Einbruch der Dunkelheit fanden sie »ihr Land«, unverkennbar nach der Lageskizze ihres Maklers, unübersehbar die drei dicht beieinanderstehenden, fast hundertjährigen Rot-Ahorn-Bäume. Sie waren — endlich — zu Haus.

Poldi tobte durch den Schnee, Wolf baute das Ami-Zelt auf, Beate setzte die erste Dosensuppe auf den Petroleumkocher. Die vierte Büchse bekam sie heiß, weil Wolf den Bernhardiner an einem der Ahornbäume festgebunden hatte.

Nach dem Essen saßen sie vor dem Zelt. Es war dunkel, still und kalt.

Gegen Morgen sank die Temperatur auf minus 17 Grad, und sie wärmten sich an Poldi, der die witternde Wachsamkeit seiner Vorfahren wiederentdeckt hatte, alle paar Minuten kläffend auffuhr, ihnen die breiten Pfoten in die Rippen stemmte und mit seinem wütend peitschenden Schwanz drei Zeltheringe aus dem hartgefrorenen Boden hieb. Aber er war ein guter Wächter in der Wildnis.

Mitte Mai traf bei Beates Mutter die erste Karte aus Kanada ein.

»Liebste Mama,

dieses Land ist ein Traum. Wir wohnen 500 Meter von einem Fluß entfernt, die Nächte sind jetzt frostfrei, und Wolf hat mit dem Roden begonnen. Poldi jagt wilde Dickhornschafe. Aber wir müssen uns noch ein Auto kaufen. Die Entfernungen hier sind unvorstellbar, 8 km bis zum nächsten Nachbarn, 29 km bis zur nächsten Ortschaft. Ich habe uns schon drei Pullover gestrickt. Leider bekomme ich eine Allergie gegen Präriegraspollen.

Tausend Küsse, Deine Beate.«

Anfang Juli schrieb Beate ausführlicher an ihre Mutter.

»Liebste Mama,

wußtest Du, daß es in Kanada mehr als 400.000 Seen gibt? Wir haben jetzt einen ganz in der Nähe, nur 4 km entfernt. Wir sind nämlich umgezogen, oder besser: mußten. Die beiden Streifenpolizisten, die uns damals aufgeschrieben und dann mitgenommen haben, wollten mal sehen, wie es uns geht, und haben dabei festgestellt, daß wir auf dem falschen Land siedeln. Hier hat jedes Grundstück mindestens drei alte Rot-Ahorn-Bäume. Wolf hat noch auf dem Amt versucht, weil wir doch schon Gurken gepflanzt und Weizen ausgesät hatten. Aber ging nicht. Nun ist unser nächster Nachbar nur 6 km entfernt, aber der Boden steinig und voller Stubben. Ach, Mama. Viel Annehmlichkeiten haben wir nicht... Ich bin übrigens ganz dünn geworden, alle Röcke aus Deutschland schlackern... Am schönsten ist es immer abends, wenn wir vor dem Zelt sitzen, so viele Sterne und überall kein Mucks, nur ein paar Grillen. Dann denken wir an Euch..«

Ende Oktober bekam Wolfs Freund in Hannover Post aus der Provinz Alberta.

»Lieber Georg!

Ich muß Dir jetzt unbedingt mal schreiben.

Meine Ansichten über das alternative Leben haben sich etwas gemildert... Schon am zweiten Tag begann ich mit dem Roden. Ich suchte mir für den Anfang einen recht dicken Baum aus. Nach drei Stunden harter Arbeit mußte ich feststellen, daß ich diesen Baum heute nicht mehr zum Umfallen bringen werde. In der Zwischenzeit hatte Beate es trotz Poldis Behinderungen geschafft, uns ein Mittagessen zuzubereiten. Du weißt ja, wie lästig der liebe Kerl doch sein kann, wenn Du Dich an unsere früheren Skatabende erinnerst, wo wir die Bierflaschen auf den Kleiderschrank stellen mußten. Nach zwei Tagen war der Baum dann doch besiegt. Allerdings war für mich erstmal eine mehrtägige Pause fällig, weil meine Hände voller Schwielen und Blasen waren... Obwohl unser erspartes Geld knapp kalkuliert war, leisteten wir uns bei der nächsten Fahrt in die Stadt eine Motorsäge. Ein herrliches Gerät. In drei Tagen hatte ich eine beachtliche Fläche abgeholzt. Dann schnappte ich mir den Spaten, um die Baumstümpfe zu entfernen. Das war noch schlimmer... Schließlich half unser Nachbar. Er ist in seinen Schuppen gegangen und hat eine etwa 30 Zentimeter lange und vier Zentimeter dicke Stange geholt. Dynamit.

Er sagte: ›»Ein Baumstumpf, eine Stange.‹ Es war wirklich kinderleicht... Ein Baumstumpf schlug einen halben Meter neben unserem Zelt auf den Boden. Zum Abtransport der Baumstümpfe habe ich unseren Jeep mit Allradantrieb benutzt. Den haben wir uns nach langem Hin und Her doch gekauft — anders wäre es auch gar nicht gegangen. Und dann waren wir auf dem falschen Grundstück... Mir hat das nicht soviel ausgemacht, ich habe das alles als Übungsphase betrachtet, aber Beate bekam einen halben Nervenzusammenbruch — kein Wunder...

Viele Grüße, Dein Wolf.«

Wenig später bekam Georg einen zweiten Brief.
»Lieber Georg!
Aus dem Seymour ist wirklich nichts zu gebrauchen. Ich habe versucht, uns Bretter für unser Haus zurechtzusägen. Mit der Handsäge habe ich es gar nicht erst versucht, aber selbst mit der Motorsäge hätte ich wohl ein Vierteljahr gebraucht. Kaufen konnten wir allerdings auch keine, dann wäre unser Finanzplan völlig im Eimer gewesen. Aber wir hatten dann doch noch einmal Glück. Wir waren nämlich bei unseren Nachbarn eingeladen. Und es kam schließlich zu einem Kartenspiel — meine Spezialität. Da ich allerdings nicht viel Geld hatte, durfte ich meine gefällten Bäume einsetzen. Es war zwar kein Skat, aber ich hatte auf dem Amt unter den Lehrlingen nicht umsonst den Spitznamen Pokerface. Und rate mal, was ich gewonnen habe! Nicht nur die Bretter für unser Haus, sondern auch noch das Material, wie Hammer und Nägel. Es war ein unheimlich netter Abend... Wir haben uns auch schon eine Kuh

gekauft. Beate packt das Melken noch nicht so gut, sie verbringt damit täglich zwei Stunden... Ernten werden wir dieses Jahr wohl nichts mehr, auf dem unfruchtbaren Waldboden läuft nichts auf. Und mittlerweile ist es auch schon zu spät, etwas anzupflanzen. Beate merkt man aber trotz der Mißerfolge und des langen Arbeitstags keine Mutlosigkeit an. Ich wäre an ihrer Stelle schon längst verzweifelt... Wenn Beate nicht wäre, ich wäre zurückgekommen, ohne ihr Vorbild könnte ich dieses Leben nicht ertragen...
PS: Hättest Du nicht Lust zu einem Skaturlaub in Kanada?«

Beate an ihre Mutter:
»Liebste Mama,
uns steht der zweite kalte Winter bevor. Wolf mußte erst den Kuhstall fertig bauen, und deshalb hat das Haus noch kein Dach. Wir haben auch noch keinen Brunnen, müssen das Wasser aus dem Fluß holen, und wenn er dann wieder zugefroren ist... Und der Petroleumofen geht immer aus. Ach, Mama, wenn Wolf nicht wäre und sein unbeirrbarer Mut...«

An einem frostklirrenden Februarmorgen, fast zwei Jahre nach ihrer Ankunft in Kanada, marschierte Beate allein in Richtung Elk Point. Sie traute sich nicht, ein Auto anzuhalten.

Der Wagen, der dann neben ihr hielt, war ausgerechnet das Auto der Provinzpolizisten. Und — Wolf stieg mit aus.

»Ich hab deinen Zettel gefunden«, sagte er.

Beate heulte auf der Stelle los. Er verstand nur einige Wortfetzen wie »immer so kalt und müde«, »Poldi wieder den Kaffee, Kuh den Eimer mit Milch umgestoßen«, »kann nicht mehr«...

Wolf nahm sie in die Arme und flüsterte ihr beinahe erleichtert ins Ohr: »Weißt du eigentlich, daß ich ohne dich schon längst wieder abgehauen wäre?«

Und dann fuhren die Polizisten die beiden nach Elk Point, der ersten Station nach Haus. Und einer der Polizisten wollte auch schon immer einen Bernhardiner haben...

SO SCHLECHT GING'S UNS AUF DER GUTEN ALTEN ERDE EIGENTLICH GAR NICHT.

14
Aussteiger-Test: Die Auswertung

Frage 1:
Für jede Antwort 1 Punkt, weil Sie so brav nachgerechnet haben. Aber Sie glauben doch hoffentlich nicht, Astrologie hat etwas mit Aussteigen zu tun, nur weil beides mit A anfängt?

Frage 2:
A. Ein Aussteiger muß fast alles können: 10 Punkte
B. Wie wollen Sie dann wissen, ob Sie's können? 0 Punkte
C. Sie sind wenigstens ehrlich: 5 Punkte

Frage 3:
A. und B. Wer aussteigen will, schafft sich kein Porzellan an, das ewig abgestaubt werden muß, und auch

keine Pferde, die täglich ihren Auslauf brauchen. Jeweils 0 Punkte
C. Sie legen auf Statussymbole keinen Wert. Gut so! 10 Punkte

Frage 4:
A. Wenn Sie dauernd über das Wetter schimpfen, wo wollen Sie dann noch die Zeit zum Aussteigen hernehmen? 0 Punkte
B. Sie sind ein Mensch mit eigenem Urteil, aber auch mit einer gewissen Anpassungsfähigkeit. Ein Aussteiger braucht beides: 10 Punkte
C. Wenn das Wetter Sie nicht interessiert, können Sie auch zu Haus bleiben. Vielleicht als Kümmerer für einen Aussteiger? 5 Punkte

Frage 5:
A. Sie sind ganz schön fortschrittlich. Das steht einem Aussteiger gut an: 5 Punkte
B. Sie sind traditionsbewußt und von einem gewissen Beharrungsvermögen. Das könnte für einen Aussteiger von Vorteil sein, aber bitte nicht in solchen Kleinigkeiten: 1 Punkt
C. Sie gehen aufs Ganze, ohne Raum und Zeit, ideale Aussteiger-Eigenschaften: 10 Punkte

Frage 6:
A. und B. Jeweils 1 Punkt, weil Sie immerhin einigermaßen belesen zu sein scheinen

C. Richtig: 5 Punkte. Und wenn Sie auch noch wissen, daß dieser Spruch das Motto aller Aussteiger ist — behauptet jedenfalls die Tagespresse —, dürfen Sie sich noch einmal 5 Punkte anschreiben

Frage 7:

A. Müssen Sie auch nicht. Belasten Sie sich nicht mit überflüssigem Wissen. Ein Palstek hat noch niemanden aus dem Schlund eines Krokodils befreit: 10 Punkte

B. Macht nichts. Die meisten Segler wissen zwar, was ein Palstek ist, können aber trotzdem nur die Hausfrauenschleife: 5 Punkte

C. Bravo! Sie haben sicher gerade Ihre Prüfung für den Segelschein A bestanden: 5 Punkte für Sie.

Frage 8:

A. und B. Jeweils 1 Punkt, weil Sie anscheinend soviel Zeit vor dem Bildschirm verbringen, daß Sie sogar Qualitätsunterschiede zwischen beiden Programmen entdecken können. Sie sollten auf jeden Fall zu Haus bleiben; denn spätestens am Äquator wird der Empfang saumäßig

C. Entweder sind Sie ein Fernsehmuffel, oder Sie haben eine ausgewogene Meinung. Beides prädestiniert Sie zum Aussteigen: 10 Punkte

Und nun zählen Sie bitte Ihre Punkte zusammen, das Ergebnis à la Löscher wartet auf Sie!

Aussteiger-Test: Das Ergebnis

9 bis 21 Punkte:

Sie sind ein vorbildlicher Staatsbürger, bodenständig, traditionstreu und unabhängig von modischem Firlefanz, nach Löscher absolut aussteigerresistent. Haben Sie schon einmal um die Verleihung des Bundesverdienstkreuzes nachgesucht? Sie hätten es verdient!

22 bis 51 Punkte:
Bei Ihnen ist alles im Fluß, alles offen, alles entwicklungsfähig. Und das ist auch gut so. Lassen Sie sich Zeit für eine endgültige, Ihre Zukunft bestimmende Entscheidung. Nach Löscher gehören Sie zu den potentiell Aussteigungsgefährdeten. Das kann Ihre große Chance sein, muß es aber nicht. Lesen Sie noch ein bißchen im Buch von Seymour, machen Sie lange Waldläufe und schlafen Sie im Winter so oft wie möglich im Freien. Wenn das nichts hilft, machen Sie Löschers Aussteiger-Test in einem Jahr noch einmal. Dann werden Sie Ihre Linie mit Sicherheit gefunden haben.

52 bis 71 Punkte:
Wieso sind Sie noch hier? Oder hat Ihnen jemand dieses Buch nachgeschickt? Sie sind der vorbildliche Aussteiger! Mutig, selbstbewußt, nicht in Kleinigkeiten verhaftet, unternehmungsfreudig und integrationsfähig. Prof. Löscher würde sich freuen, Sie kennenzulernen. Schreiben Sie ihm mal eine Karte von unterwegs!

MEIN GOTT, CHEF ?!
DANKE

15
»Jeder vernünftige Mensch will mal aussteigen!«

Diplompsychologe Dr. Martin Gaschae zum Thema Nummer eins

Der Münchner Internist und Diplompsychologe Dr. Martin Gaschae lebte als Student einige Monate in der berühmten Berliner Kommune 1, wurde ein Jahr nach dem Examen Sannyasin in Poona und ging dann in ein Sufi-Zentrum nach England. Den Winter 1975/76 verbrachte er in einem Bretterverschlag auf Paros. Gaschae bezeichnet sich selber als »ausgestiegenen Aussteiger«. Heute wohnt er in Bogenhausen, betreibt eine Arztpraxis — nur Kassen-, keine Privatpatienten —, veröffentlicht Bücher über Theorie und Praxis des Aussteigens und beantwortet für mehrere große Illustrierte Leseranfragen der Rubrik: Ihr Problem? Unser Diplompsychologe löst es! Wir haben ihn aufgesucht und konnten ein interessantes Interview mit ihm führen.

»Herr Dr. Gaschae, warum steigt einer aus?«

»Weil er keine Lust mehr hat.«

»Worauf?«

»Auf so ziemlich alles in seiner Welt, wie er sie lebt und erlebt.«

»Wie erlebt er sie denn?«

»Als Frust.«

»Wieso?«

»Ich sag Ihnen das mal in ein paar gängigen Schlagworten: Eine Welt voll Plastik, Pillen und Plutonium; hemmungslose Jagd nach allem Materiellen, mörderisches Karriere-Karussell, bedingungsloser Wachstumsfetischismus — das sind Schlagzeilen, mit denen sich ein Aussteiger schon zudecken kann.«

»Wärmt die Decke denn?«

»Natürlich nicht. Aber es gibt ja auch noch eine andere, die aus Selbstverwirklichung, Liebe, Geborgenheit, Toleranz und Wärme. Wobei ich Wärme in diesem Zusammenhang nicht als physikalische Erscheinung, nämlich als Schwingung der Atome verstanden wissen möchte, sondern im Sinne emotionaler Aufgeschlossenheit und Anteilnahme.«

»Also eine richtige Schmusedecke, oder?«

»Ja. In Utopia.«

»Warum nur da?«

»Weil die Welt noch nie eine Wendedecke war und auch nicht werden wird.«

»Wie muß ich das verstehen?«

»Ich kann's ja mal erklären. Wenn Sie eine Decke haben und sie durchschneiden, haben Sie immer noch zwei Hälften. Wenn Sie die Decke aufdröseln, haben Sie nichts in der Hand außer einzelnen Fäden.«

»???«

»Welt und Leben nur als Schmusedecke gibt es nicht. So, wie Konsumzwang und Karriere-Karussell auch nicht ohne eine Menge Liebe, Geborgenheit und Zärtlichkeit existieren.«

»Und was hat das mit Aussteigen zu tun?«

»Alles.«

»Finden Sie nicht, daß Sie philosophisch werden?«

»Mag sein.«

»Haben Sie das bei Ihrem eigenen Aussteigen gelernt?«

»Ja.«

»Und?«

»Was und?«

»Warum steigt einer denn nun aus?«

»Weil er eben das noch nicht kapiert hat.«

»Was?«

»Sagen Sie mal, sind Sie schon mal ausgestiegen?«

»Nein.«

»Jeder vernünftige Mensch will das mal! Vielleicht sollten Sie auch!?«

»Wieso?«

»Na, damit Sie das verstehen!«

»Was?«

JA, ABER KIND, WER WIRD SICH DENN IN DER FREMDE UM DICH KÜMMERN?!

16
Biene und die Globetrotters

Biene war immer »die Kleine« gewesen: jüngstes von vier Geschwistern, trotz aller Mogelei auf Zehenspitzen bei der alljährlichen Geburtstagsmessung am Türpfosten nie über 1,53 Meter hinausgewachsen, kindhaft zartgliedrig und mit widerspenstigen Haaren, die nur zu einem zwei Zentimeter kurzen Knabenschnitt taugten.

Junge Mädchen mit einem so offensichtlich fraulichen Manko flüchten sich gern in die Welt der Märchen und Sagen, wo Kleine groß, Arme reich und Schwache stark werden.

Biene lernte also Buchhändlerin. Trotzdem vollzog sich an ihr keine der märchenhaften Wandlungen. Mit 25 sah sie immer noch aus wie ein netter 14jähriger Lausbub.

Sie fand, wenn mit ihr schon nichts los sei, müsse sie wenigstens etwas Leben in ihre Umgebung bringen, und verließ die Bücher für einen Job in einem Globetrotter-Ausrüstungs-Laden. Hier verkaufte sie bunte Fünf-Personen-Hängematten aus Mexico, Anti-Algen-Pulver für Wasserkanister, Segeljacken, Polarstiefel, Moskitonetze, Panamakäppis, Schlafsäcke für Ohrwürmer und Salbe gegen Termitenbisse. Und sie lernte all die großen Landabenteurer kennen, Denart, Lechhardt und Nehberg, die alle schon Spinnen und Schlangen gegessen, zwischen Eisschollen und Krokodilen gebadet und lebensgefährliche Kämpfe mit dunkelfarbigen Aufrührern bestanden hatten.

Unbezahlter Urlaub

Nach drei Jahren bei den Globetrotters fühlte Biene sich stark genug, nun auch ein eigenes Abenteuer zu wagen. Sie kaufte sich ein Fahrrad, hob ihre eiserne Reserve von 3.500 Mark bei der Bank ab und nahm ein Jahr unbezahlten Urlaub. Ihre Globetrotter-Chefs waren gerührt. Sie spickten Biene mit dem Extrakt all ihrer teuren Erfahrungen und schenkten ihr zum Abschied Nehbergs Survival-Buch sowie ein Vielzweck-Taschenmesser mit Mini-Machete.

Biene fand das reichlich übertrieben. »Ich will nur ein bißchen durch Europa radeln«, sagte sie, »Lüneburger Heide, Limfjord und vielleicht noch

Den Haag, da war meine Oma mal im Haushalt bei reichen Indonesiern.«

»Kleine«, antwortete Rüdiger Nehberg, »wenn du erstmal weg bist, mußt du auf alles gefaßt sein.« Und damit sollte der Konditormeister und Abenteurer recht behalten.

Bei Wilsede in der Lüneburger Heide fiel Biene wieder ein, daß Jungcowboys sich mit frischem Rindfleisch über rückwärtige Probleme halfen, und so kaufte sie ein halbes Pfund Beefsteak. Sie beschloß, den Limfjord vorerst auszulassen. Den Haag lag näher.

Treffpunkt Amsterdam

In der Pizzeria »Casa di David« in Amsterdam traf sie eine indonesische Familie, die ihre Oma von Erzählungen her kannte und folglich ganz entzückt über die Enkelin war. Als Vertreterin des Volkes der Dichter und Denker wurde sie eingeladen, den Töchtern der Familie Deutschunterricht zu geben, in Indonesien natürlich, aber vorher sei ein Besuch in Den Haag notwendig. Treffpunkt: das Mauritshaus.

Also radelte Biene nach Den Haag, schloß ihr Fahrrad vor dem Mauritshaus mit einer Kette an und wartete auf ihre Zukunft. Sie kam pünktlich.

Biene lebte in der Hafenstadt Surabaja im Osten Javas. Sie fragte sich bisweilen, ob Brecht seinen Jonny auch geschrieben hätte, wenn er jemals hier gewesen wäre, brachte den drei Töchtern leidlich Deutsch bei und lernte zwei malaiische Dialekte. Nach elf Monaten rief sie die Globetrotters an und bat um etwas Urlaubsverlängerung. Sie hatte schon immer nach Japan gewollt, und nun sei sie gerade in der Nähe.

Ihre indonesische Familie reichte sie zu Bekannten nach Yokohama weiter. Biene war etwas enttäuscht, sie hatte sich die Japaner immer größer vorgestellt.

Fünf Monate später begleitete sie eine alte, reiche Amerikanerin als Gesellschafterin nach Lima und von dort zu den Galapagos-Inseln. Biene rief ihre Globetrotters an und fragte, ob sie noch etwas länger Urlaub machen dürfe.

Als die Amerikanerin starb, erbte Biene ein paar tausend Dollar. Sie machte eine Kreuzfahrt mit der Santa Cruz von Bartholome über Fernandina nach Baltra. Auf Nord-Seymour verliebte sie sich in die Landleguane, diese putzigen Spielzeugdrachen, die sie so sehr an die Märchen ihrer Kindheit erinnerten. Sie blieb. Aber vorher bat sie die Globetrotters noch um etwas unbezahlten Urlaub.

Biene beobachtete die Leguane fast täglich, lernte sie auseinanderzuhalten, machte sich Aufzeichnungen, kaufte schließlich einen Fotoapparat, später eine Filmkamera. Karl Angermeyer, einer der ganz frühen Aussteiger, der jetzt mit einer Yacht Touristen durch den Galapagos-Archipel schipperte, vermittelte sie an die Universität von Quito, und sie bekam einen zweijährigen Forschungsauftrag für Verhaltensstudien über ihre Spielzeugdrachen.

Als Bienes erstes Buch über Leguane erschien — zu ihrem 33. Geburtstag —, flog sie nach Haus. Vorher holte sie ihr Fahrrad aus Den Haag. Es stand immer noch angekettet vor dem Mauritshaus, war etwas angerostet, aber es fuhr.

Zu Haus wurde die »Kleine« gefeiert. »Kind, du bist ja gewachsen!« staunte ihre Mutter.

Biene schüttelte den Kopf. »Bestimmt nicht.«

Daraufhin wurde sie wie in Kindertagen an den Türpfosten gestellt, ihr Vater holte Bleistift und Metermaß, die älteren Geschwister sahen sich verblüfft an — die Kleine war jetzt 1,65 Meter groß.

Und dabei hatte sie sich nicht einmal auf die Zehenspitzen gestellt.

WAS, KEIN EISBEIN, KEIN SAUERKRAUT, KEIN KALTES BIER? DANN FLIEG ICH SOFORT WIEDER NACH HAUSE!
MENU. CARTE

17
Von der Bürde eines Kümmerers

Kein Aussteiger könnte wirklich aussteigen, wenn er nicht einen daheimgebliebenen Kümmerer hätte. Denn bei aller Sehnsucht nach Freiheit, Ausschlafen, Nichtstun und ewiger Sonne — ohne eine wenigstens zwirnsdünne Nabelschnur zum bundesdeutschen Staatswesen mit seiner Bürokratie gibt es kein Aussteigen.

Das beginnt bei der Staatsangehörigkeit. Deutsch. Jeder einigermaßen wohlüberlegte Aussteiger nimmt sie mit; denn für einen Nichtsteuerzahler im Ausland entpuppt sie sich plötzlich als vorteilhaft. Er darf zum Beispiel damit rechnen, daß er spätestens zwei Jahre nach dem Urteil »lebenslänglich« wegen Shitrauchens in Kambodscha von einem bundesdeutschen Botschaftsangehörigen aufgespürt, getröstet und vielleicht noch mit einem Päckchen Vitaminpillen versorgt wird.

Er hat das Recht, sich beim deutschen Konsul in Montevideo einen Zehner zu borgen, wenn er gerade bis aufs Hemd ausgeplündert wurde. Und er kann sich hundertprozentig darauf verlassen, daß seine 75 Peitschenhiebe wegen Alkoholgenuß im Iran beim deutschen Gesandten auf tiefstes Mißfallen stoßen. Soviel bewirkt die deutsche Staatsbürgerschaft.

Allerdings bedarf es dazu schon einer Heimatadresse. Ein Staatsbürger ohne Anschrift im Staat ist für die Bürokratie irgendwie doch kein richtiger Staatsbürger. Wohin soll sie etwa die Wahlunterlagen schicken? Was wird mit der Lohnsteuerkarte?

Hier beginnt die staatsbürgerliche Nächstenliebe eines Kümmerers. Er gibt dem fernen Aussteiger einen Wohnsitz, seinen. Er füllt für ihn den Wahlzettel aus — oder auch nicht —, archiviert die pünktlich eintreffenden Lohnsteuerkarten und Lohnsteuerjahresausgleichsformulare und steht immer zur Verfügung, wenn der Staat etwas von seinem ausgestiegenen Mitbürger wissen will.

Daneben trägt ein echter Kümmerer noch weit schwerere Bürden. Er begleicht stillschweigend alle eintreffenden Rechnungen — kein Mensch kann so weit und so lange aussteigen, als daß nicht noch irgend jemand für irgend etwas Geld von ihm will —, regelt — und bezahlt selbstverständlich — alle Versicherungsangelegenheiten, sorgt für die reibungslose

Paßverlängerung, meldet seinen Aussteiger alle zwölf Monate bei einer anderen Krankenkasse zum einjährigen Aussteiger-Billigsttarif an und überweist die Gebühr. Vom eigenen Konto. Und der Lohn?

Das sind nicht nur die Briefe und Karten aus aller Welt, die dem Kümmerer in den Augen seines Briefträgers überirdischen Glanz verleihen. Und es geht auch nicht allein um die telegrafischen Notrufe, sofort — stop — fünfhundert Mark nach Borneo zu überweisen, weil — stop — unleserlich, und dem Beamten am Schalter vergehen fast die Augen vor Hochachtung, daß er jetzt jemanden kennt, der jemanden kennt, der in Borneo...

Der Lohn ist viel simpler. Ein Kümmerer erlebt die Abenteuer »seines« Aussteigers hautnah mit. Wozu muß er selber aussteigen, wenn er aus erster Hand erfährt, wie so etwas ausgeht? Und das wichtigste: Er weiß, der Aussteiger könnte gar nicht ohne ihn — den Kümmerer.

Wichtige Begriffe und Namen